P. 520. porté

RECHERCHES
SUR
L'ORIGINE DES DÉCOUVERTES
ATTRIBUÉES
AUX MODERNES.
TOME PREMIER.

Par M. L. Dutens

RECHERCHES
SUR
L'ORIGINE DES DÉCOUVERTES
ATTRIBUÉES
AUX MODERNES.

Où l'on démontre que nos plus célèbres Philosophes ont puisé la plûpart de leurs connoissances dans les Ouvrages des Anciens : & que plusieurs vérités importantes sur la Religion ont été connues des Sages du Paganisme.

Nemo nostrûm sufficit ad artem simul & constituendam & absolvendam ; sed satis, superque videri debet, si, quæ multorum annorum spatio priores invenerint, posteri accipientes, atque his addentes aliquid, aliquando compleant, atque perficiant.
Galenus in I. Aphorism. Hippocrat.

TOME PREMIER.

A PARIS,

Chez la Veuve DUCHESNE, rue S. Jacques, au-dessous de la Fontaine S. Benoît, au Temple du Goût.

M. DCC. LXVI.
Avec Approbation, & Privilége du Roi.

A SON EXCELLENCE
Monsieur S. de M.
&c. &c. &c.

Je voulois publier hautement tout ce que je dois à votre Protection généreuse ; mais le respect que j'ai pour votre volonté, m'impose le silence. Tel est votre caractère, Monsieur: aussi ardent à faire le bien que soigneux à le cacher, vous ne voulez

ÉPITRE.

recueillir d'autre fruit de vos bienfaits que le plaisir secret d'avoir fait des heureux. C'est pour obéir à vos ordres que j'omets ici votre nom ; mais après ce que je viens de dire, pourroit-il être ignoré de ceux qui ont le bonheur de vous connoître ?

Je suis avec le plus profond respect, & la plus vive reconnoissance,

MONSIEUR,

DE VOTRE EXCELLENCE

Le très-humble, très-obéissant
& très-obligé serviteur,
L. DUTENS.

A Londres, ce 15 Janvier 1766.

PRÉFACE.

Je n'ai pas besoin de faire une longue Préface pour instruire le lecteur de l'ordre & de la disposition que j'ai observés dans cet ouvrage, & de ce qu'il est nécessaire de sçavoir, pour en retirer quelque utilité. La Table générale des Chapitres & des Sections, fera voir d'un coup d'œil la disposition que j'ai suivie; & l'introduction mettra le lecteur au fait du but que je me suis proposé.

Je préviendrai seulement en deux mots que je n'ai rien voulu avancer dont je ne pusse apporter des preuves qui me parussent suffisantes pour appuyer ce que j'avançois ; ce qui m'a fait prendre le parti de citer exactement dans les langues originales les passages des Anciens sur lesquels j'ai fondé mes assertions ; & j'ai toujours eu soin de rendre dans le fil du discours le sens exact de l'auteur que je cite, lorsque je n'ai pas donné la traduction littérale des passages cités. Ceux qui seront curieux d'examiner certaines choses plus scrupuleusement, seront bien aises de trouver sous leurs yeux les propres termes des différens Auteur rassemblés sous un même point de vue ; & de pouvoir juger par eux-mêmes de la solidité de ce que l'on avance, sans être obligés de faire pour cela de grandes recherches. J'aurois pu rapporter un plus grand nombre d'autorités sur plusieurs points particuliers ; mais je me suis contenté de choisir les principales &

d'indiquer les autres. J'ai cité avec la plus grande exactitude: on trouvera après la Préface un Catalogue des éditions particulières des principaux Auteurs dont j'ai fait ufage.

J'ofe croire que cette entreprife aura du moins le mérite d'être nouvelle dans fon genre, & dans la manière dont elle eft exécutée; car quoiqu'il y ait certains ouvrages qui peuvent avoir quelque chofe de commun avec le titre de celui-ci, il n'y en a cependant aucun qui lui reffemble dans le deffein, l'ordre & la manière avec laquelle il eft traité. *Le Parallèle des Anciens & des Modernes* de M. Perrault. *L'Effai du fçavoir des Anciens & des Modernes*, par M. le Chevalier Temple; & *la Digreffion fur les Anciens & les Modernes*, par M. de Fontenelle, font plutôt de belles déclamations fans preuves de ce que l'on y soutient, que des ouvrages propres à porter la conviction avec eux; & quant à *Polydore Vergile*, *De rerum inventoribus*, l'Auteur s'est arrêté sur tant de subtilités, a omis tant de choses importantes, & a été d'ailleurs si peu exact dans ses recherches & ses citations, que quoique je l'aie consulté quelquefois, je puis assurer qu'il ne m'a pas été de la moindre utilité; de sorte que je n'ai vu que l'ouvrage d'*Almeloveen*, intitulé, *Inventa Nov-Antiqua*, qui ait rempli sur la Médecine l'objet que je me suis proposé sur toutes les autres connoissances; mais on voit que cela ne fait qu'une petite partie de cette entreprise. Il y a aussi un autre livre de *George Paschius*, *De novis inventis*, dont le titre seul fait voir que son but étoit différent du

PRÉFACE.

mien, & la lecture de son ouvrage suffit pour achever de le persuader (*a*).

(*a*) Je ne parle pas d'un ouvrage Anglois de M. Wotton, publié en 1674; 1697, & en 1705, avec des additions, intitulé: *Reflexions upon ancient & modern Learning*; l'Auteur se propose pour but d'y faire l'office de médiateur entre le chevalier Temple & M. Perrault, & paroît cependant pencher en faveur des Modernes; mais je dois dire quelque chose d'un autre livre dont on pourroit m'accuser d'avoir ignoré l'existence, si je n'en parlois pas ici : c'est *l'origine ancienne de la physique nouvelle* du P. Regnault, ouvrage sans plan, sans méthode, sans liaison; l'Auteur cite souvent d'une manière peu exacte ou infidèle; il avance plusieurs choses sans les prouver; il en omet plus qu'il n'en rapporte; il se trompe jusques dans l'exposition même des principes des Auteurs dont il parle, & tronque souvent leurs passages pour les ra-

PRÉFACE.

Je crois devoir informer ici le lecteur de mon véritable sentiment sur la question si long-temps agitée, à l'égard de la préférence que l'on doit donner aux Modernes ou aux Anciens : il me paroît qu'il seroit autant injuste de ne rien louer & ne rien admirer qui ne sente l'antiquité, que de mépriser tout ce qui vient d'elle, & n'adopter que ce que l'on tient des Modernes. Je ne dis pas que nous devions accorder une soumission, tellement aveugle aux premiers philosophes, qu'elle nous les fasse juger exempts d'erreurs, recevoir leurs sentimens avec une en-

---

mener à son sens. Enfin son livre n'est qu'un amas informe, indigeste & très-imparfait, de passages mal cousus, & mal cités, tous ceux qui le connoissent s'accordent unanimement à porter le même jugement.

tière docilité, confidérer leurs obfcurités comme des oracles dignes que l'on prenne tout le foin poffible pour les interpréter, & nous faffe négliger ainfi des recherches plus utiles. Non; perfonne ne doute qu'étant hommes, ils fe feront fouvent, & même groffièrement trompés, & qu'ils ont dû payer ce tribut indifpenfable à l'humanité; mais auffi ne doit-on pas fe laiffer tellement emporter par l'amour de la nouveauté que, méprifant ce qui vient des Anciens, on dédaigne de s'attacher à tout ce qui n'eft pas de la production des Modernes, & l'on refufe d'accorder fon fuffrage à des fentimens fur lefquels plufieurs fiècles ne fe feront pas écoulés. Si l'on péfe toutes chofes dans une jufte balance, on conviendra, que fi les Anciens ont été quelquefois dans de grandes erreurs, il ont auſſi ſouvent enſeigné de grandes vérités; mais il faut penſer comme Horace, qui recommande, de *ne point être bleſſé de quelques défauts légers dans des ouvrages qui brillent d'ailleurs par de grandes beautés* :

(a) Ubi plura nitent non paucis offendamur maculis.

Les Modernes ont certainement mérité beaucoup, & n'ont pas peu travaillé à l'avancement des ſciences par un grand nombre de découvertes ingénieuſes ; mais on ne peut nier auſſi que les Anciens ne leur aient frayé le chemin dans lequel ils avancent à préſent plus facilement à grands pas. Les premiers ont fait pluſieurs découvertes auxquelles il a été aiſé d'ajouter enſuite quelque choſe ; & l'on peut dire encore à cet égard ce que Quintilien

---

(a) *Horat. ars Poet. vers 350 & 351.*

PRÉFACE.

disoit il y a 1700 ans : *L'antiquité nous a tellement instruits par ses exemples & ses grands maîtres, que nous ne pouvions naître dans un siècle plus heureux que celui que nos ancêtres ont pris tant de soin d'éclairer* (a). Ce seroit donc une ingratitude de refuser à nos maîtres les éloges qui leur sont dûs ; comme ce seroit une marque d'envie de ne pas accorder aux Modernes toutes les louanges qu'ils méritent à si juste titre ; il faut rendre justice des deux côtés, & ne pas donner tout à un âge & rien à l'autre.

Dans la comparaison que l'on fait ordinairement du mérite des

---

(*a*) Tot nos præceptoribus, tot exemplis instruxit antiquitas, ut possit videri nulla sorte nascendi ætas felicior, quàm nostra, cui docendæ priores elaboraverunt. *Quint. Institutiones oratoriæ*, libro 12, c. 11.

Anciens & des Modernes, on doit sur-tout distinguer les arts & les sciences, qui exigent principalement une longue expérience & un long usage pour être perfectionnés, d'avec ceux qui dépendent uniquement du talent & du génie ; il n'est pas douteux que les connoissances du premier genre, par la suite des siècles, ont été de plus en plus augmentées & portées presque au dernier degré de perfection par les Modernes qui, à cet égard, peuvent être jugés l'emporter sur les Anciens ; à quoi l'art de l'imprimerie & plusieurs autres découvertes n'ont cependant pas peu contribué : on sçait que les Astronomes de nos jours entendent beaucoup mieux la nature des astres, & tout le système planétaire qu'Hypparque, Ptolomée, ou qui que ce soit des Anciens;

mais

mais on doute qu'ils eussent été plus loin sans le secours des télescopes. Les Modernes ont perfectionné à la vérité l'art de la navigation, ils ont été jusqu'à découvrir de nouveaux mondes ; mais, sans l'aide de la boussole, l'Amérique nous seroit encore probablement inconnue. Ainsi de longues observations, des expériences souvent répétées, ont amené les arts, la Botanique, l'Anatomie, la Chirurgie, au degré de perfection où nous les voyons aujourd'hui ; plusieurs secrets de la nature, qu'un âge seul n'avoit pas suffi pour pénétrer, ont été dévoilés par une succession de plusieurs siècles. La morale même a été perfectionnée par la religion chrétienne, la philosophie, peu à peu, a pris une nouvelle face ; & les frivolités, les questions puériles & futiles de l'école en ont enfin été bannies, par les efforts réitérés des la Ramée, des Bacon, des Gassendi, des Descartes, des Newton, des s'Gravesande, des Leibnitz & des Wolf.

Je consens donc volontiers à accorder aux partisans des Modernes tous les avantages que je viens de déduire ici; mais il ne faut pas non plus enlever aux Anciens la part qu'ils ont à l'avancement de ces mêmes connoissances, par la peine qu'ils ont prise à nous en frayer le chemin. Bien plus, il ne faut pas toujous prendre pour des découvertes des Modernes plusieurs choses qui ont été réellement connues aux Anciens, ou inventées par eux, ou sur lesquelles ils ont du moins répandu un très-grand jour ; & il faut encore faire attention que la plûpart des découvertes si admirables

PRÉFACE.

& si utiles dont notre âge se glorifie, comme l'imprimerie, la poudre à canon, la boussole, les télescopes, &c. n'ont pas été la production de génies philosophiques, mais l'effet d'un pur hazard, ou de l'expérience de quelques artisans ignorans. C'est principalement afin de mettre dans tout son jour cette premiere vérité *de la part, qu'ont les Anciens à nos connoissances*, & même *à ce que les Modernes appellent découvertes*, que je me suis proposé le travail suivant, pour lequel j'ose espérer du public toute l'indulgence que peuvent mériter des efforts, plus animés par l'amour de la vérité que par tout autre motif.

CATALOGUE

Des principaux Auteurs cités, & des Éditions dont on s'est servi.

Æliani variæ historiæ. Argentorati, 1713, in-8.

Alcinoüs de doctrinâ Platonis. Venetiis, Edit. *Aldi*, 1521, in-8.

Antoniana Margarita à Gomez. Pereyra. Matriti, 1749, in-fol.

Apulejus. Edit. *Aldi.* Venetiis, 1521, in-8.

Aristotelis opera. Edit. *Duval*, Parif. 1629, 2 vol. in-fol.

Astruc de Morbis venereis. Edit. Veneta, 1748. 2 vol. in-4.

Athenæi Deipnosophistæ. Lugduni, 1657, 2 vol. in-fol.

S. Augustin. Edit. *Mon. Benedict.* Parif. 1679, in-fol.

Aulus Gellius. Lipsiæ, 1762. 2 vol. in-8.

Berkeley's Treatise concerning the principles of human Knowlegde. Lond. 1734. in-8.

Biblia Hebraïca sine punctis. Oxonii, 1750. 2 vol. in-4.

Bibliotheca Patrum. Lugd. 1677. 21 vol. in-fol.

Bruckeri Historia de Ideis. Augustæ, Vindel. 1723. in-12.

Cartesii opera. Edit. *Blaeu.* Amstelod. 1692. 2 vol. in-4.

Cæsalpini Quæstiones Peripateticæ & Medicæ. Venet. 1593. in-4.

Censorinus de die natali. 1763. in-8.

Ciceronis opera. Edit. *Rob. Steph.* Paris. 1539. 2 vol. in-fol.

Clemens Alexandrinus. Paris. 1641, in-fol.

Commentarii Societatis Regiæ Gottingensis, tom. I. ann. 1751. Gotting. 1752. 4 vol. in-4.

Dickinsoni Physica vetus, & vera. Londini. 1702. in-4.

Dio Cassius Hist. Roman. Hannoviæ. in-fol. 1606.

Diogenes Laërtius. Amstelodami, 1692. 2 vol. in-4.

Dictionnaire de Bayle. Amsterd. 1740. 4 vol. in-fol.

Diodorus Siculus. Amstelodami, 1745. 2 vol. in-fol.

Eschenbach de Poësi Orphicâ. Noriberg. 1702, in-4.

Eusebii Præparatio Evangelica. Parif. 1628. in-fol.

Fabricii Bibliotheca Græca. 14. vol. 1705-28 in-4.

Galeni opera. Edit. *Juntarum.* Venetiis, 1576. 7 vol. in-fol.

Galilei difcorfi, è Dimoftrazioni Mathematiche : in Leida. *Elzevirs*, 1638. in-4.

Gaffendi opera. Lugduni, 1658. 6 vol. in-fol.

Herodotis Hiftoria. Lug. Bat. 1715. in fol.

Hefiodi opera. Patavii, 1747. in-8.

Hierocles in aurea carmina Pythagor. Cantabrig. 1709, in-8.

—————— *De Providentiâ, & fato.*

Hippocratis opera. Edit. *van-der-Linden.* Lug. Bat. 1665. 2 vol. in-8.

Jamblicus de Myfteriis Ægyptiorum. Edit. *Tornæfii.* Lugd. 1549. in-16.

—————— *De vitâ Pythagoræ.* Edit. *Commeliniana*, 1598. in-4.

Ifidori Hifpalenfis Epifcopi Libri viginti, in-4. 1585.

Introduzione allo ftudio della Religione del P. Gerdil. Turin, 1755. in 4.

Kircheri ars magna lucis & umbræ. Romæ, 1646. in-fol.

Lactantii opera. Paris. 1748. 2 vol. in-4.
Linnæi Philosophia Botanica. Viennæ. 1755. in-8.
Locke's Essays on Human understanding. Lond. 1706. in-fol.
Luciani opera. Parisiis, 1615, in-fol.
Mallebranche, Recherche de la vérité. Paris, 1721, in-4.
——— *Entretiens Métaphysiques.* Paris, 1732, 2 vol. in-12.
Muschenbroek, Essai de Physique. Leyde, 1751, 2 vol. in-4.
Montucla, Histoire des Mathématiques. Paris, 1758, 2 vol. in-4.
Maclaurin, Découvertes philosophiques de Newton. in-4.
Macrobii opera. Patavii, 1736, in-8.
Maximi Tyrii Dissertationes. Lugduni, 1630. in-8.
Nemesius in Bibliothec. Patr.
Needham, Observations Microscopiques. Paris, 1750. in-12.
Newtoni Principia. Amst. 1723. in-4. & *optica.* Edit. Patav.
Origenis Philosophumena. Hamb. 1706.

Pancirole de rebus deperditis latinè, 2 vol. in-8. Amberg. 1612, & Italicè, in-4. Venet. 1612.

Pardies, Traité de la connoissance des bêtes. Amst. 1725. in-12.

Philonis opera. Francofurti, 1691, in-fol.

Philostratorum opera. Lipsiæ, 1709.

Photii Bibliotheca. Rotomagi, 1653.

Platonis opera, gr. & lat. Edit. Serrani & Henr. Steph. Lausanæ, 1578. 3 vol. in-fol.

Plinii Naturalis Historia. Paris. Lugd. 1553. in-fol.

Plotinus. Basileæ, gr. lat. 1580. in-fol.

Plutarchi opera, gr. & lat. Paris. 1624. 2 vol. in-fol.

Pollucis onomasticon, gr. & lat. Amstelod. 1706. 2 vol. in-fol.

Proclus in Timæum Græce. Basileæ, 1534, in-fol.

Ἰωχὰι Ἱπποκράτης *Joan. Matthiâ Gesnero.* Gotting. 1737. in-4.

Rhodigini lectiones antiquæ. Francof. 1666. in-fol.

Sallustius de Diis & Mundo in opuscul. Mytholog. Amstelod. 1688. in-8.

Scipio Aquilianus de Placitis Philosoph. Edit. *Bruckeri.* Lipsiæ, 1756. in-4.

Senecæ opera. Edit. *Plantini.* Antverpiæ, 1615. in-fol.

Sextus Empiricus, gr. & lat. Lipsiæ, 1718, in-fol.

Simplicius in Aristotelem de animâ. Gr. Venet. Aldi, 1527. in-fol.

——— *in Physicos.*

——— *De Cælo.*

——— *in Epictetum.* Lugd. Bat. 1640, in-4.

Stanley's History of Philosophy. London, 1743. in-4.

Steuchus Eugubinus de Perenni Philosophia. Basil. 1542. in-8.

s'Gravesande, Introduction à la Philosophie de Newton. Paris, 1747. 2 vol. in-8.

Stobæi Eclogæ Physicæ, gr. & lat. Aurel. Allobr. 1609. in-fol.

Strabonis opera, gr. & lat. Amstelod. 1707. 2 vol. in-fol.

Suidæ Lexicon gr. lat. Cantabr. 1705, 3 vol. in-fol.

Tournefort, *Elémens de Botanique*. Paris, 1694. 3 vol. in-8.

Valerius Maximus. Lug. Bat. 1655. *cum notis varior*. in-8.

Vaillant, *de structura florum*. Lug. Bat. 1718, in-4.

Vossius, de origine idololatriæ. Amstel. 1668, in-fol. Edit. *Blaeu*,

Wolfii opera. Genevæ, 1747, 5 vol. in-4.

Wotton, *Reflexions on Ancient and Modern* in-8. 1694 & 1705.

Zonaræ, Annales Venet. 2 tom. in-fol. 1729.

TABLE GÉNÉRALE
DES CHAPITRES
ET DES SECTIONS.

PARTIE PREMIERE,

Contenant l'Introduction & les Sentimens de Descartes, Mallebranche, Locke, &c. sur les Idées, l'Art de penser, les Qualités sensibles, &c.

INTRODUCTION.

Sect. 1. Inconstance des hommes en leurs jugemens. 3
— 2. Révolution dans les sciences. *idem.*
— 3. Grands hommes parmi les Modernes admirateurs des Anciens. 5
— 4. Raisons d'avoir recours aux Anciens. 6
— 5. Leur sagacité. 8
— 6. Entreprise de l'Auteur. 9
— 7. Son impartialité. *idem.*
— 8. But qu'il se propose. 10

Chap. I. *Méthode de Descartes, & sa Logique: Art de penser de Locke, &c.* 11

Sect. 9. Système de Descartes, Mallebranche, Leibnitz & Locke, puisés chez les Anciens. pag. 11
——10. Logique de Descartes. 12
——11. Premiere Règle, idem
——12. Seconde Règle. 13
——13. Troisième Règle. idem
——14. Quatrième Règle, idem
——15. Indiquées dans Aristote. idem
——16. Méthode de Descartes. 16
——17. Argument de Descartes : *je pense ; donc je suis*, pris de S. Augustin. 17
——18. Principes de Locke, les mêmes que ceux d'Aristote. 18
——19. Locke comparé avec les Stoïciens. 20

CHAP. II. *Idées innées de Descartes & de Leibnitz, tirées de Platon, Héraclite, Pythagore & des Chaldéens. Système de Mallebranche, puisé dans la même source & dans S. Augustin.* 23
Sect. 20. Idées innées de Platon, adoptées par Descartes & Leibnitz. idem
——21. Système de Mallebranche sur les idées puisé chez les Chaldéens, dans Platon. 26
——22. Exposition du système de Mallebranche. 27
——23. Mallebranche autorisé des Anciens. 29
——24. Doctrine des Chaldéens sur les Idées. idem
——25. Nombres de Pythagore, les mêmes que les idées de Platon. 31

—26. Opinion d'Héraclite. 32
—27. Démocrite a précédé Mallebranche en son systême, suivant Bayle. 33
—28. Doctrine de Platon sur les Idées. 35
—29. Occasion de cette opinion chez Platon. 37
—30. S. Augustin a suivi Platon, & Mallebranche les a copiés tous deux. 38
—31. Leibnitz est de l'avis du P. Mallebranche. 39

Chap. III. *Des Qualités sensibles.*
Sect. 32. Les qualités sensibles reconnues des Anciens avoir toute leur existence dans l'ame. 41
—33. Opinion de Descartes. 45
—34. Mallebranche traite cette matière avec beaucoup de clarté. 46
—35. Les Modernes n'ont rien dit de nouveau à ce sujet. 48
—36. Opinion de Démocrite sur les Qualités sensibles. *idem*
—37. Sextus Empiricus sur Démocrite. 51
—38. Protagoras a devancé Berkeley dans l'opinion de la non-existence des corps. 53
—39. Aristippe a parlé sur les Qualités sensibles, comme Descartes & Mallebranche ont fait après lui. 55
—40. Suite du sentiment d'Aristippe. 58
—41. Platon a distingué entre les Qualités sensibles, & les objets qui les causent. 62
—42. Straton avoit aussi la même pensée. *idem*

Sect. 43. Exposition de l'opinion d'Epicure. 64
—— 44. Conformité du raisonnement de Descartes & de Mallebranche avec celui des Epicuriens. 66
—— 45. Conséquence tirée de ce qui a été dit jusqu'ici. 71
—— 46. Sentiment de M. Freret. 72

SECONDE PARTIE,

Contenant le système de MM. Leibnitz, de Buffon, Needham, & les vérités concernant la Physique générale & l'Astronomie.

CHAP. I. *Système de Leibnitz.* 77
Sect. 47. Transition. *idem*
—— 48. Physique de Leibnitz. *idem*
—— 49. Son système examiné ailleurs plus amplement. 78
—— 50. Raison de l'étendue dans les êtres simples. *idem*
—— 51. Comment les êtres simples peuvent donner l'idée de l'étendue. 79
—— 52. Ce système a été fondé par les Anciens. 80
—— 53. Pythagoriciens. 82
—— 54. Argument des Pythagoriciens dans Sextus Empiricus. 83
—— 55. Suite du même argument. 87
—— 56. Syllogisme d'Alcmæon sur la nature des corps. 89

Sect. 57. Sentiment de Platon sur le même sujet. 90
—— 58. Expliqué par Marsile Ficin. 91
—— 59. Opinion de Plotin & passage d'Héraclite, d'Epicure, &c. 92
—— 60. Tentative d'un sçavant d'Allemagne pour rapprocher Leibnitz de Parmenides. 93

Chap. II. *Nature animée ; comparaison du systême de M. de Buffon avec celui d'Anaxagore, d'Empédocle & de quelques autres Anciens.*

Sect. 61. Systême de M. de Buffon, comparé avec les sentimens d'Anaxagore, Empédocles, &c. 97
—— 62. Comparaison sur le mérite des Modernes & celui des Anciens. 99
—— 63. Exposition du systême d'Anaxagore. 100
—— 64. Sentiment d'Empédocles sur la nutrition. 105
—— 65. Autre sentiment du même philosophe sur les élémens de la matière. *idem*
—— 66. Autre sentiment du même sur la génération. 107
—— 67. Opinion de Plotin sur l'assimilation des Parties dans la nutrition. *idem*
—— 68. Exposition du systême de M. de Buffon. 108
—— 69. Autre principe de M. de Buffon dans Hippocrate, Pythagore & Aristote. 111
—— 70. Sentiment sur les deux systêmes. 113

CHAP. III. *Nature active & animée. Systême de M. Needham.*

Sect. 71. Exposition du systême de M. Needham. 115
— 72. Suite de la même opinion. 117
— 73. Suite du même systême. idem
— 74. Comparaison de ce systême avec les opinions de Pythagore & de Platon. 118
— 75. Et des autres Pythagoriciens. 120
— 76. Principes de la nature chez Platon. 121
— 77. Suite du sentiment de Platon, & belle expression d'Epicure. 123
— 78. Opinion de quelques Anciens sur la génération. 125
— 79. Spinosa, Hobbes & quelques autres ont renouvellé les opinions des Anciens. 126

CHAP. IV. *Philosophie Corpusculaire, & divisibilité de la matière à l'infini.*

Sect. 80. Leucippe, Démocrite & Epicure Auteurs de la Philosophie Corpusculaire. 129
— 81. Divisibilité de la matière à l'infini. 131
— 82. Manière de s'exprimer d'Anaxagore, 132
— 83. Et de Chrysippe. 133

CHAP. V. *Du mouvement, de l'accélération du mouvement, de la pesanteur ou de la chûte des corps graves.*

Sect. 84. Définition du mouvement, & son accélération. 135
— 85. Erreurs d'Aristote à ce sujet. 137

Sect.

Sect. 86. Raison de la différence de la chûte des corps, connue des Anciens. 139
— 87. Cause du mouvement accéléré dans Aristote, 141
— 88. Expliqué par Averroës & par Scot. 143

CHAP. VI. *Pesanteur universelle, force centripète & centrifuge. Loix des mouvemens des Planètes, suivant leur distance du centre commun.*

Sect. 89. Gravitation universelle. 145
— 90. Pesanteur & mouvement de projection combinés dans le cours des Astres. 146
— 91. Ces deux forces ont été connues des Anciens. *idem*
— 92. Ainsi que la loi du Quarré des distances. *idem*
— 93. Systême d'Empédocles. 147
— 94. Les Pythagoriciens & les Platoniciens ont connu les deux forces de projection & de pesanteur. 148
— 95. Platon a enseigné clairement cette doctrine. 149
— 96. Expression remarquable d'Anaxagore. 150
— 97. Gravitation universelle; force centripète & centrifuge connues de Plutarque, *id.*
— 98. Et de Lucrèce. 154
— 99. Attraction proportionnée à la masse des corps. 156

TABLE DES CHAPITRES

Sect. 100. Loi de la raiſon inverſe du quarré des diſtances connue des Anciens. 156
— 101. Expliquée dans Plutarque, Pline, Macrobe & Cenſorinus. 159
— 102. Sentiment de Pythagore ſuivant Gregori & Maclaurin. 161
— 103. Juſtice rendue à Platon par Galilée. 162
— 104. Déſintéreſſement naturel aux grands hommes. 165

Chap. VII. *Voie lactée ; ſyſtêmes ſolaires ou pluralité des Mondes, Satellites, Tourbillons.*

Sect. 105. Réflexions ſur la ſituation des Anciens par rapport aux Modernes. 166
— 106. Sentimens des Anciens ſur la voie lactée. 168
— 107. Sur les Etoiles fixes & la pluralité des Mondes. 169
— 108. Opinion de Plutarque ſur ce point. 170
— 109. Celle d'Anaximène. *idem*
— 110. Opinion de la Secte Italique. 171
— 111. Opinion d'Héraclide & des autres Pythagoriciens. 172
— 112. Sentiment de Démocrite ſur le même ſujet. 173
— 113. Trait d'Alexandre à cet égard. 174
— 114. Autres Philoſophes qui ont cru la même choſe. 175
— 115. Phavorinus ſemble indiquer les Satellites des Planètes. 176

Sect. 116. Tourbillons de Descartes, connus des Anciens. 177
—— 117. Autre principe de Descartes connu de Leucippe. 178

Chap. VIII. *Du système des couleurs du Chevalier Newton, indiqué par Pythagore & par Platon.*

Sect. 118. Sentiment des Pythagoriciens sur les couleurs. 181
—— 119. Platon a connu la théorie des Couleurs. 183
—— 120. Système de Descartes sur les Couleurs. 189

Chap. IX. *Système de Copernic; Mouvement de la Terre autour du Soleil; Antipodes.*

Sect. 121. Conduite des Modernes à l'égard des Anciens. 193
—— 122. Système de Copernic appartient aux Anciens. 194
—— 123. Pythagore paroît être le premier qui l'ait enseigné. 195
—— 124. Philolaüs l'a fait connoître. 195
—— 125. Sentimens de Timée de Locres, d'Aristarque & de Seleucus. 197
—— 126. Exposition du sentiment d'Aristarque. 198
—— 127. Passage de Plutarque sur Aristarque, qui doit être corrigé. 199

TABLE DES CHAPITRES.

Sect. 128. Platon, dans sa vieillesse, adopte l'opinion du mouvement de la terre. 201

—— 129. Antipodes connus de plusieurs anciens Philosophes. 202

—— 130. Erreur au sujet de l'Evêque Virgile. 204

CHAP. X. *Révolution des Planètes sur elles-mêmes.*

Sect. 131. Conjectures des Anciens sur la rotation des Astres, confirmées par les observations des Modernes. 205

—— 132. Exposition des sentimens d'Héraclides, Ecphantus & Platon. 206

—— 133. Témoignage de Plotin. 208

—— 134. Sentiment de Nycetas de Syracuse. 209

CHAP. XI. *Des Comètes.*

Sect. 135. Les Modernes n'ont rien dit sur les Comètes que les Anciens n'eussent enseigné avant eux. 210

—— 136. Connoissances des Chaldéens & des Egyptiens sur les Comètes. 212

—— 137. Sentiment d'Anaxagore & de Démocrite. 213

—— 138. Opinions ridicules de Képler & d'Hévélius, moins éclairés à cet égard que Pythagore. 213

—— 139. Stobée expose le sentiment de Pythagore. 215

—— 140. Beau passage de Sénèque. 216

—— 141. Les Modernes n'ont rien dit sur les Comè-

ET DES SECTIONS. xxxvij

tes que d'après les Anciens. 218

CHAP. XII. *De la Lune.*

Sect. 142. Lune illuminée par le soleil ; vérité connue des Anciens. 219

—— 143. Raison de croire la Lune habitée. 220

—— 144. Sagacité des Anciens dans leurs conjectures. 221

—— 145. Croyoient la pluralité des Mondes. Sentiment d'Orphée sur la Lune. 222

—— 146. Opinion de Pythagore. 223

—— 147. Et de plusieurs autres Philosophes de l'Antiquité. 224

—— 148. Opinion de Démocrite sur la cause des taches de la Lune. 225

—— 149. Questions sur la Lune, agitées par Plutarque. 227

TROISIÈME PARTIE.

La Physique particulière, la Médecine, l'Anatomie, la Botanique, les Mathématiques, l'Optique & la Mécanique.

CHAP. I. *De l'Ether; de l'Air; de sa pesanteur & de son élasticité.*

Sect. 150. Sentiment des Modernes sur l'Ether. 3

—— 151. Les Anciens en ont eu la même idée. 5

—— 152. Opinion des Stoïciens. *idem*

—— 153. De Pythagore & d'Anaxagore. 6

TABLE DES CHAPITRES

Sect. 154. Sentiment de Pythagore exposé par Hieroclès. 7

—— 155. Sentiment de Platon. 8

—— 156. Nature de l'Air, sa pesanteur, son ressort & son élasticité; nature & propriétés du feu. 9

CHAP. II. *Du Tonnerre & des tremblemens de terre, de la vertu magnétique, du flux & reflux; de la source des fleuves, &c.*

Sect. 157. La diversité des opinions parmi les Anciens n'est pas un sujet de reproche. 13

—— 158. Différentes opinions des Modernes sur la cause du Tonnerre. 14

—— 159. Sentiment d'Aristote & d'Anaxagore le même que celui de Descartes. 15

—— 160. Autres opinions de quelques Anciens. 16

—— 161. Leucippe & Démocrite. *ibid.*

—— 162. Opinion de Sénéque. 17

—— 163. Sentimens des Stoïciens. *ibid.*

—— 164. Opinion de Socrates, cité par Aristophane. 19

—— 165. Cause des tremblemens de terre, donnée par les Modernes. *ibid.*

—— 166. Par Aristote. 21

—— 167. Et par Sénéque. 22

—— 168. Flux & reflux de la mer: opinion de Descartes, *ibid.*

—— 169. Opinion de Kepler & du Chevalier Newton. 23

Sect. 170. Opinions de Pythéas & de Seleucus. 25
—— 171. Pline avoit allégué la même cause que le Chevalier Newton. *ibid.*
—— 172. Vertus de l'aiman, expliquées par les Modernes. 28
—— 173. Connues de Platon. 29
—— 174. Explication de Lucrèce & de Plutarque, la même que celles des Modernes. *ibid.*
—— 175. Quelques Auteurs prétendent que les Anciens ont connus la boussole & la déclinaison de l'aiguille aimantée. 32
—— 176. Electricité connue de Timée de Locres. 34
—— 177. Si les Fleuves retournent à leurs sources. 36
—— 178. Cette question agitée parmi les Anciens. *ibid.*
—— 179. Sentiment de l'Ecclésiaste. 38

CHAP. III. *De la circulation du sang, & des Trompes de Fallope.*

Sect. 180. Les Anciens ont excellé dans la Médecine. 39
—— 181. Justice rendue à Hippocrate. *ibid.*
—— 182. Almeloveen le justifie de n'avoir pas parlé plus clairement de la circulation du sang. 40
—— 183. Passages d'Hippocrate qui font voir qu'il a connu la circulation du sang. 41

Sect. 184. Passage de Platon. 45
— 185. d'Aristote ; ibid.
— 186. de Julius Pollux ; 46
— 187. d'Apulée ; 47
— 188. de Nemesius ; ibid.
— 189. de Michel Servet & d'André Césalpin. 49
— 190. Harvey ne l'a pas enseigné le premier parmi les Modernes. 55
— 191. Trompes de Fallope connues des Anciens. 55

CHAP. IV. *De la Chirurgie des Anciens.*
Sect. 193. Extrait d'un Mémoire de M. Bernard sur la Chirurgie des Anciens. 59
— 194. Detail des connoissances des Anciens. 63
— 195. Conclusion du Mémoire de M. Bernard, par un trait de Bartholin. 73

CHAP. V. *De la génération par les Oeufs; & des Animalcules.*
Sect. 196. Sentimens des Modernes sur la Génération : celui de Harvey. 73
— 197. d'Hartsoëker & de Leuwenhoëk. 74
— 198. Celui de Harvey est renouvellé d'Empedocles, d'Hippocrate, d'Aristote, &c. ibid.
— 199. Prouvé par Plutarque & Galien. 75
— 200. Et par Hérodote. 77
— 201. Passage d'Hippocrate. 78
— 202. Description du fœtus dans l'œuf par Aristote. 79

ET DES SECTIONS.

Sect. 203. Opinion de Macrobe. 81
— 204. Vers spermatiques connus des Anciens. ibid.
— 205. Sentimens de Démocrite & d'Hippocrate. 84
— 206. Commerce de Démocrite & d'Hippocrate. 86
— 207. Passage d'Aristote là-dessus. ibid.
— 208. Examen du sentiment d'Hippocrate sur les animalcules. 87
— 209. Conciliation des deux sentimens. 91
— 210. Passage assez remarquable de Platon. 92
— 211. Reproduction des Polypes connue d'Aristote & de S. Augustin. 95

Chap. VI. *Du Système sexuel des Plantes.*

Sect. 212. Exposition du Système sexuel des Plantes. 99
— 213. Perfectionné par Linnæus. 100
— 214. A quel point connu des Anciens. 102
— 215. Qui ont distingué clairement entre les deux sexes des Plantes. 103
— 216. Passage de Claudien. ibid.
— 217. Sentiment de Théophraste. 104
— 218. Si les Plantes ont les deux sexes, ou sur un même individu. 105
— 219. Erreurs d'Aristote là-dessus. 106
— 220. Opinion judicieuse d'Empédocles. 108
— 221. Observations & Experiences des Anciens. 110
— 222. Expériences sur la fécondation du Palmier. 112

Sect. 223. Observations de Pline. 113

CHAP VII. *De l'Isochronisme des Vibrations du Pendule; de la réfraction de la lumiere, & de la réfraction Astronomique.*

Sect. 224. Mérite des Arabes dans l'Astronomie. 115
— 225. Vibrations du Pendule. 117
— 226. Réfraction de la lumière. 118
— 227. Connue de Ptolomée & d'Alhazen. *ibid.*
— 228. Réfraction Astronomique connue de Ptolomée. 120
— 229. Cause de la différente grandeur des Astres vus à l'horison, expliquée par Ptolomée. 123

CHAP. VIII. *Tentatives sur la Quadrature du Cercle.*

Sect. 230. Résultat des tentatives sur la Quadrature du Cercle.... Hippocrate de Chio. 129
— 231. Tentatives d'Anaxagore. 130
— 232. Rapportées par Plutarque, Diogène de Laërce, & S. Clément Alexandrin. 131
— 232. Autres tentatives des Anciens. 131
— 234. Efforts d'Archimèdes, de Philon & d'Apollonius. 133
— 235. Quadrature de la Parabole par Archimèdes, & autres travaux des Anciens en ce genre. 136

CHAP. IX. *Miroirs ardens.*

ET DES SECTIONS. xliij

Sect. 236. Miroirs ardens d'Archimède révoqués en doute par quelques Modernes.   138

— 237. Prouvés possibles par le Pere Kircher. 139

— 238. Décrits par Tzetzes. 141

— 239. Témoignages de Lucien, Galien & Zonare. 142

— 240. Témoignages d'Eustachius. Expériences de Kircher & de M. de Buffon. 144

— 241. Miroir ardent par réfraction, décrit par Aristophanes. 145

CHAP. X. *De plusieurs découvertes des Anciens dans les Mathématiques, l'Astronomie, &c.*

Sect. 242. Découvertes des Anciens dans les Mathématiques trop longues à énumérer. 147

— 243. Ce que cette science doit à Thalès. 147

— 244. A Pythagore. 149

— 245. Et à Platon. 150

— 246. Découvertes d'Hipparque & de Diophante. 151

— 247. Algèbre connue des Anciens, suivant Wallis, &c. 152

— 248. Aristarque mesure le premier la distance du soleil & de la terre. 157

— 249. Hipparque, après Timée de Locres, a indiqué la précession des Equinoxes. 158

Chap. XI. *D'Archimède ; de la Mécanique des Anciens & de leur Architecture.*

Sect. 250. Mérite d'Archimede dans la Mécanique. 160

— 251. Découvertes d'Archimède dans les Mathématiques & la Mécanique, & sa défense de Syracuse. 161

— 252. Etendue du Génie d'Archimède, & les preuves qu'il en donne. 164

— 253. Machines de Guerre, & autres belles découvertes des Anciens. 166

— 254. Autre genre de preuves. 167

— 255. Ville de Babylone, & Tour de Belus. 168

— 256. Ecbatane & Persepolis. 169

— 257. Lac de Mœris. *ibid.*

— 258. Pyramydes d'Egypte. 170

— 259. Colosse de Rhodes. 171

— 260. Autres monumens remarquables. 172

— 261. Habileté des Anciens dans l'exécution de petits ouvrages. 173

— 262. On convient assez de la supériorité des Anciens dans ce qui regarde les beaux Arts & l'Eloquence. 175

QUATRIÉME PARTIE.

De Dieu & de l'Ame ; du Temps, de l'Espace ; de la formation du Monde ; de la création de la Matiere & Conclusion.

Chap. I. De Dieu.

Sect. 263. Les Anciens ont eu des idées faines de la Divinité.   179

—— 264. Impossible de rapporter tout ce qu'ils ont dit sur ce sujet de raisonnable.   183

—— 265. Sentiment de Cicéron sur l'existence de Dieu.   183

—— 266. De Sénéque.   184

—— 267. De Socrates sur les attributs de Dieu.   185

—— 268. De Socrates, Platon, & Théodoret sur les attributs.   *ibid.*

—— 269. Platon conforme à Moyse.   186

—— 270. Définition de Dieu par Speusippe.   *ibid.*

—— 271. Autre passage de Platon.   187

—— 272. Sentiment d'Aristote sur la Nature de Dieu, suivi de Cicéron.   *ibid.*

—— 273. Beau passage de Plutarque.   188

Chap. II. De l'Ame.

Sect. 274. Les Anciens ont eu des idées justes de l'Ame.   191

—— 275. Sentiment de Cicéron.   *ibid.*

TABLE DES CHAPITRES

Sect. 276. D'Anaxagore & d'Aristote. 192
—— 277. De Platon. *ibid.*
—— 278. Lequel admettoit les peines & les récompenses. 193
—— 279. Sentiment de Plutarque. 194
—— 280. De l'Ame des Bêtes, & de ce que les Anciens en ont pensé. 195

Chap. III. *Du Temps & de l'Espace.*

Sect. 281. Avis partagés dans tous les Ages sur ces deux points. 202
—— 282. Sceptiques nioient l'existence du Temps. Leibnitz a suivi Platon & les Pythagoriciens dans leurs idées sur le Temps. *ibid.*
—— 283. Aussi-bien que Descartes. 204
—— 284. Explication de la nature du Temps par Muschenbroëk. 205
—— 285. Donnée de même long-temps avant par Aristote. 206
—— 286. Sentiment de Lucrèce. 208
—— 287. Idées de Descartes sur l'Espace & l'Etendue, prises de Platon. 208
—— 288. Platon exposé par Plutarque. 209
—— 289 Et par Stobée. 210

Chap. IV. *De la Création du Monde & de la Matière.*

Sect. 290. Sentimens des Anciens, partagés sur la création de la Matière. 211
—— 291. Enumération des témoignages pour & contre. *ibid.*

Sect. 292. Passage de Platon, qui parle clairement de la création de la Matière. 213

—— 293. Atticus, Platonicien, confirme l'opinion de son Maître. 215

—— 294. Examen de cette opinion de Platon, soutenue aussi par Hierocles. *ibid.*

—— 295. Paroles de Proclus. 219

—— 296. Ce qu'a cru Jamblique sur ce sujet, & ce qu'il dit des Egyptiens. 219

—— 297. Autre passage tiré d'un ouvrage attribué à Aristote. 220

CHAP. V. *Systême de Leibnitz sur l'Optimisme & l'origine du Mal.*

Sect. 298. Principes de Leibnitz puisés chez les Anciens. 223

—— 299. Optimisme dans Timée de Locres, Platon & Plutarque. 224

—— 300. Leibnitz, sur l'origine du mal a suivi Platon, & sur-tout Chrysippe. 229

CHAP. VI. *Péché originel connu des anciens Philosophes.*

Sect. 301. Comment les Philosophes Payens sont parvenus à la connoissance du péché originel. 236

—— 302. Platon a été plus loin qu'aucun autre sur cette matière. 237

—— 303. Sentiment de Timée sur le vice de la nature humaine. 239

—— 304. Etat de l'homme suivant Platon après le péché originel. *ibid.*

xlviij TABLE DES CHAP. ET SECT.

Sect. 305. Contagion universelle, suite du péché originel, selon Platon; & sentimens de quelques Anciens. 241

CONCLUSION.

Sect. 306. Les Anciens ont précédé les Modernes dans les vérités les plus importantes. 244

—— 307. Récapitulation des choses traitées dans la premiere Partie. 246

—— 308. Récapitulation de la seconde Partie. 248

—— 309. Récapitulation de la troisième Partie. 251

—— 310. Suite de la récapitulation de la troisième Partie. *ibid.*

—— 311. Suite de la troisième Partie. 252

—— 312. Récapitulation de la quatrième Partie. 254

—— 313. Conclusion pour engager à remonter aux sources de la vérité. 255

—— 314. Qu'il ne faut pas cependant négliger l'étude des Modernes. 256

—— 315. Sentiment de Sénéque & de Galien sur ce sujet. 257

RECHERCHES

RECHERCHES
SUR
L'ORIGINE DES DÉCOUVERTES
ATTRIBUÉES
AUX MODERNES.

※

PARTIE PREMIERE,
CONTENANT

L'INTRODUCTION ET LES SENTIMENS DE DESCARTES, MALLEBRANCHE, LOCKE, &c. *sur les Idées, l'Art de penser, les Qualités sensibles.*

INTRODUCTION.

1. Les hommes sont souvent extrêmes dans leurs passions, & encore plus dans leurs opinions ; ils passent subitement de l'amour à la haine, de la louange au blâme à l'égard des mêmes objets, & le plus souvent sans pouvoir se rendre compte à eux-mêmes des motifs qui les déterminent à ces grands changemens. *(Inconstance des hommes dans leurs jugemens.)*

2. Le sujet, que j'entreprends de traiter, fournit une preuve frappante de cette vérité. Pendant deux mille ans, les philosophes anciens ont été en possession de l'estime générale, & quelquefois aveugle des hommes ; c'étoient des oracles, que l'on écoutoit avec la plus grande vénération, & dont on respectoit les obscurités mêmes, que l'on regardoit comme des sanctuaires sacrés, où il n'étoit pas donné à tous les esprits de pouvoir pénétrer : un *ipse dixit* d'Aristote, ou de quelque autre grand philosophe suffisoit pour trancher les plus fortes difficultés ; le vulgaire des *(Révolution dans les sciences.)*

sçavans baissoit la tête & s'en contentoit. On s'en tenoit là, & ces dispositions si soumises n'étoient guéres propres à avancer le progrès de nos connoissances. Aussi les beaux génies, qui ont été si bien récompensés de leurs travaux par le titre à jamais glorieux de restaurateurs des sciences, sentirent-ils bien la dureté d'un tel esclavage. Le peuple philosophe tenta de secouer le joug d'Aristote, à peu près dans le temps que le peuple chrétien commençoit à se lasser de celui de Rome : l'effort de l'esprit humain vers sa liberté devint ainsi général : & il arriva alors, ce qui doit arriver dans toutes les entreprises des hommes : on ne marqua pas assez justement les limites, où il étoit à propos de s'arrêter; on les franchit des deux côtés. Le prétexte de se délivrer de la servitude d'Aristote, & des autres grands maîtres, à qui l'on devoit tant, dégénéra en ingratitude, & en injustice à leur égard ; de même que le prétexte de se tirer des entraves de Rome, peu à peu dégénéra parmi les beaux esprits du siécle, en esprit

INTRODUCTION.

de libertinage & d'impiété : le succès des philosophes modernes fut enfin semblable à celui des grands conquérans ; se voyant vainqueurs, ils s'enrichirent des dépouilles des vaincus ; & au lieu de suivre l'exemple de ces grands hommes, dont les longues études, le travail assidu, & les méditations profondes avoient tellement enrichi les sciences, ils se contenterent le plus souvent de prendre chez eux le fond, sur lequel ils éleverent ensuite leurs édifices : & cette victoire, qui devoit être utile à la perfection de l'esprit humain, si l'on avoit apporté plus de candeur dans la réforme, peut lui devenir pernicieuse, en continuant sur les principes que l'on semble être disposé à suivre.

3. On convient de toute l'importance du service que les grands hommes, qui se sont élevés depuis deux siécles, ont rendu à la république des lettres ; & leur succès justifie assez leur conduite. Aussi n'est-ce pas des Bruno, des Cardan, des Bacon, des Galilée, des Descartes, des Newton & des Leibnitz dont je veux par-

Grands hommes parmi les modernes, admirateurs des anciens.

ler ici; non, ces héros de la république des lettres avoient trop de mérite pour ne pas connoître celui des anciens, ils leur rendoient justice & se regardoient comme leurs disciples; je parle ici de ces demi-sçavans, qui ne pouvant tirer de leur propre fonds de quoi se faire un nom, vont emprunter de ceux qu'ils affectent de dénigrer, les richesses dont ils se parent, & taisent avec ingratitude ce qu'ils doivent à leurs bienfaiteurs.

Raisons d'avoir recours aux anciens. 4. On sent tout le prix de la méthode introduite par les modernes dans la philosophie de nos jours; il n'est pas douteux que l'esprit analytique & géométrique, qui règne dans leur maniere de procéder, n'ait beaucoup contribué à perfectionner les sciences, & il seroit à souhaiter que l'on ne s'en écartât jamais : mais on a besoin pour cela de guides sûrs; & quels meilleurs guides peut-on suivre que ceux que nous voyons être arrivés long-temps avant nous au but, où nous nous proposons d'aller? Nous pouvons nous convaincre que les grandes vérités de système, reques avec tant d'applaudiffement depuis deux fiécles, avoient été déja connues, & enfeignées par Pythagore, Platon, Ariftote & Plutarque : & nous devons penfer qu'ils fçavoient démontrer ces mêmes vérités, quoique les raifonnemens fur lefquels une partie de leurs démonftrations étoient fondées, ne foient pas parvenus jufqu'à nous; car fi dans les écrits qui font échappés aux injures du temps, on trouve une foule d'exemples qui mettent hors de doute la profondeur de leurs méditations, & la juftefe de leur dialectique pour expofer leurs découvertes; il eft trop jufte de croire qu'ils ont employé les mêmes foins, & la même force de raifonnement pour appuyer les autres vérités que nous trouvons fimplement énoncées dans ceux de leurs écrits que nous connoiffons. Cette conjecture eft d'autant plus naturelle, que parmi les titres qui nous ont été confervés de ces ouvrages qui ont péri, on en trouve plufieurs qui traitoient de ces mêmes fujets qui ne font qu'énoncés dans leurs autres écrits; d'où il eft naturel de penfer que l'on y eût trouvé les démonstrations qui nous manquent de ces vérités. Ils jugeoient sans doute inutile de les répéter, après en avoir parlé en plusieurs autres livres, auxquels ils réferent fort souvent, & dont Diogène Laërce, Suïdas & d'autres anciens nous ont conservé les titres, qui suffisent seuls pour nous donner une idée de la grandeur de notre perte.

<small>Leur sagacité.</small>

5. Il est à remarquer aussi que ces grands hommes, par l'effort seul de leur raison, avoient acquis des connoissances que toutes nos expériences, faites avec le secours des instrumens que le hazard nous a procurés, n'ont servi qu'à confirmer. Sans l'aide du télescope, Démocrite avoit connu & enseigné que la voie lactée étoit un assemblage d'étoiles innombrables qui échappoient à notre vue, & dont la clarté réunie produisoit dans le ciel cette blancheur que nous désignons par ce nom; & il attribuoit la cause des taches observées dans la lune à la hauteur excessive de ses montagnes, & à la profondeur de ses vallées : il est vrai que les modernes ont été plus loin,

& qu'ils ont trouvé les moyens de mesurer la hauteur de ces mêmes montagnes; mais encore une fois, il semble que le raisonnement de Démocrite à ces égards étoit celui d'un grand génie, au lieu que les opérations des modernes ne sont que laborieuses & méchaniques. Outre que, comme dit Sénéque, *ad inquisitionem tantorum, ætas una non sufficit*, & que nous avons sur les anciens l'avantage d'avoir pu travailler sur le cannevas qu'ils nous ont fourni.

6. Si l'exemple, que je viens de rapporter, est propre à donner du poids à mon sentiment; que sera-ce donc, si je puis faire voir, comme je l'espere, qu'*il n'est presque pas une des découvertes attribuées aux modernes qui n'ait été non-seulement connue, mais même appuyée par de solides raisonnemens des anciens ?* {Entreprise de l'Auteur.}

7. Je ne veux pas parler des vérités difficiles à appercevoir dans leurs ouvrages, & que l'on n'y trouve que parce que l'on est déterminé de les y trouver; je laisse ce soin aux zélés commentateurs; il convient {Son impartialité.}

10 *Introduction.*

à leur superstitieuse admiration pour leurs auteurs. Mais je veux parler de ces vérités qui doivent frapper tout esprit attentif : de celles que Newton, Descartes & Leibnitz y ont vues, & que tout génie impartial & appliqué y trouvera aussi bien qu'eux.

But qu'il se propose. 8. Si je réussis dans l'exécution de cette entreprise, j'espere parvenir à mon but, qui est de recommander moins de prévention contre les anciens, qui ont formé ces modernes que nous admirons aveuglément, comme s'ils ne brilloient pas de la lumiere empruntée de ces illustres maîtres. Mais quand même je ne pourrois pas m'assurer entiérement du succès de mon entreprise, la candeur & l'exactitude avec laquelle je me propose de la suivre, me répondent du moins de l'approbation des sçavans dans la tentative de restituer à ces premiers philosophes une partie de la gloire qui leur est disputée ; & la maniere dont j'exposerai leurs opinions, en rapportant scrupuleusement leurs propres termes, rendra la question facile à décider.

RECHERCHES

SUR

L'ORIGINE DES DÉCOUVERTES

ATTRIBUÉES

AUX MODERNES.

CHAPITRE PREMIER.

*Méthode de DESCARTES, & ſa Logique:
Art de penſer de LOCKE.*

9. Depuis plus d'un ſiécle, quelques hommes célébres ont propoſé ſur la logique & la métaphyſique des idées qui ont paru nouvelles. Deſcartes, Leibnitz, Mallebranche & Locke ont été regardés com-

Syſtêmes de Deſcartes, Mallebranche, Leibnitz & Locke, puiſés chez les anciens.

me des innovateurs en ces sciences, quoiqu'ils n'aient rien avancé qui ne se trouve aussi clairement expliqué dans les ouvrages des anciens que dans leurs propres écrits, comme il est aisé d'en juger après un court examen de leurs principes rapprochés & comparés ensemble.

Logique de Descartes.

10. Avant que d'admettre aucune méthode, Descartes pose (*a*) pour premier principe, qu'une fois dans la vie, celui qui cherche la vérité, doit, autant qu'il est possible, douter de tout, & ensuite il propose quatre régles principales, dans lesquelles consiste toute sa logique (*b*).

Premiere Régle.

11. » La premiere est de ne recevoir
» jamais aucune chose pour vraie qu'on ne
» la connoisse évidemment être telle, c'est-
» à-dire, d'éviter soigneusement la préci-
» pitation & la prévention, & de ne com-
» prendre rien de plus en ses jugemens,
» que ce qui se présente si clairement à

―――――――――

(*a*) *Cartesii principiorum Philosophia*, Pars I. Sect. I.

(*b*) *Cartesii Dissertatio de Methodo*, Sect. 2, p. 7, *Ed. Amsterd.* 1692, *in-*4. *apud Blaeu.*

» l'esprit, qu'on n'ait aucune occasion de
» le mettre en doute. «

12. » La seconde, de diviser chacune *Seconde Régle.*
» des difficultés, qu'on examine, en au-
» tant de parties qu'il se peut, & qu'il est
» requis de les résoudre. «

13. » La troisiéme, de conduire par or- *Troisiéme Régle.*
» dre ses pensées en commençant par les
» objets les plus simples, & les plus aisés
» à connoître, pour monter, peu à peu,
» comme par dégrés, jusqu'à la connois-
» sance des plus composées, & supposant
» même de l'ordre entre ceux qui ne se
» précèdent point naturellement les uns
» les autres «.

14. » La quatriéme, de faire par-tout *Quatriéme Régle*
» des dénombremens si entiers (a) & des
» revues si générales, qu'on se puisse assu-
» rer de ne rien omettre «.

15. Sans avoir recours aux sceptiques *indiquées dans Aristo-*
pour y trouver ce doute, & cette circon- *te.*

―――――――――――――――――
(a) *Arist. Analyt. Poster. Lib.* 2, c. 13. p. 174.
Sic progrediens ut scire possit nihil esse prætermissum. *Vid. & ad finem hujusdem capitis,* pag. 176.
A. *lin.* 9 *seq.*

LOGIQUE

spection si vantée en Descartes, on voit dans Aristote ce premier principe clairement énoncé, & fortement recommandé, par les mêmes raisons qu'allégue Descartes. « Celui, dit Aristote (a), qui cherche » à s'instruire, doit premierement sçavoir

---

(a) ΑΝΑΓΚΗ πρὸς τὴν ἐπιζητουμένην ἐπιστήμην ἐπελθεῖν ἡμᾶς πρῶτον, περὶ ὧν διαπορῆσαι δεῖ πρῶτον. Ταῦτα δέ ἐστιν ὅσα περὶ αὐτῶν ἄλλως ὑπειλήφασί τινες, κἄν εἴ τι χωρὶς τούτων τυγχάνοι πρῶτον παρεωραμένον. Ἔστι δὲ τοῖς εὐπορῆσαι βουλομένοις προύργου τὸ διαπορῆσαι καλῶς. Ἡ γὰρ ὕστερον εὐπορία, λύσις τῶν πρότερον ἀπορουμένων ἐστί· λύειν δ' οὐκ ἔστιν ἀγνοοῦντα τὸν δεσμόν. Ἀλλ' ἡ τῆς διανοίας ἀπορία δηλοῖ τοῦτο περὶ τοῦ πράγματος.

Ad illam, quæ quæritur, scientiam necesse est, in primis nos percurrere, *de quibus primò dubitandum est. Hæc autem sunt, & quæcunque de eis aliter quidam existimarunt, & si quid ultra hæc prætermissum sit. Est autem opera pretium aliquid facultatis habere volentibus, benè dubitare. Nam posterior facultas, solutio eorum est, quæ antè dubitata fuerunt. Solvere autem non est, cùm nodus ignoretur: sed intellectûs hæsitatio, manifestum hoc de re facit.* Metaphysic. Lib. 3, cap. 1, pag. 858. E.

Διὸ δεῖ τὰς δυσχερείας τεθεωρηκέναι πάσας πρότερον, τούτων τε χάριν, καὶ διὰ τὸ τοὺς ζητοῦντας ἄνευ τοῦ διαπορῆσαι πρῶτον, ὁμοίους, εἶναι τοῖς ποῖ δεῖ βαδίζειν

» douter ; le doute de l'esprit conduit à
» manifester la vérité¹. Et un peu plus loin :
» Quiconque cherche la vérité, sans com-
» mencer à douter de tout, est semblable
» à quelqu'un, qui marche sans sçavoir où
» il va ; & qui, ne connoissant point le

ἀγνοοῦσι, καὶ πρὸς τούτοις, οὐδ᾽ εἰ ποτὲ τὸ ζητούμενον εὑρη-
κεῖν ἢ μή, γινώσκειν. τὸ γὰρ τέλος τούτῳ μὲν οὐ δῆλοι,
τῷ δὲ καλῶς προκεχωρηκότι δῆλοι. Ἔτι δὲ βελτίον ἀνάγκη
ἔχειν πρὸς τὸ κρῖναι, τὸν ὥσπερ ἀντιδίκων καὶ τ᾽ ἀμφισβη-
τούντων λόγων ἀκηκοότα πάντων.

Quare omnes primò difficultates speculari par
est, & horum gratiâ, & proptereà *quòd illi, qui
quærunt, nisi primò dubitent, similes illis sunt,
qui quònam ire oporteat, ignorant :* & ad hæc neque utrùm invenerint quod quæritur, an non,
cognoscere possunt. Finis etenim his quidem non
est manifestus : *illi autem, qui anteà dubitaverit,
patescit.* Item, meliùs se habere necesse est illum
ad judicandum, qui tanquam adversarios, omnes
utrinque rationes oppositas audiat. *id.* p. 859. A.

Περὶ γὰρ τούτων ἁπάντων, ὁ μόνον χαλεπὸν τὸ εὐπορῆσαι τῆς ἀληθείας, ἀλλ᾽ οὐδὲ τὸ διαπορῆσαι τῷ λόγῳ ῥᾴ-
διον καλῶς.

De his enim omnibus non modò invenire veritatem difficile, verùm neque benè ratione dubitare
facile est. *id.* p. 860. A.

» but où il se propose d'aller, ne peut sça-
» voir s'il y arrivera ou non ; au lieu que
» celui qui a sçu douter, trouve enfin le
» but où il doit s'arrête·

16. Le même auteur, parlant de la méthode que l'on doit observer dans le raisonnement, enseigne à commencer toujours par les choses les plus évidentes, &
les plus connues, *& à répandre du jour jus-
que dans les élémens, & dans les principes
des choses les plus obscures, en les divisant, &
les définissant avec soin* (a) : en quoi il sem-

Méthode de Descartes.

(a) (Τότε γὰρ οἰόμεθα γινώσκειν ἕκαστον, ὅταν τὰ αἴτια γνωρίσωμεν τὰ πρῶτα, καὶ τὰς ἀρχὰς τὰς πρώτας, καὶ μέχρι τῶν στοιχείων) δῆλον ὅτι κὶ τῆς περὶ φύσεως ἐπιστήμης πειρατέον πρότερον διορίσασθαι τὰ περὶ τὰς ἀρχάς. Πέφυκε δὲ ἐκ τῶν γνωριμωτέρων ἡμῖν ἡ ὁδὸς καὶ σαφεστέρων, ἐπὶ τὰ σαφέστερα τῇ φύσει, καὶ γνωριμώτερα..... Διόπερ ἀνάγκη τὸν τρόπον τοῦτον προάγειν ἐκ τῶν ἀσαφεστέρων μὲν τῇ φύσει.... ἐπὶ τὰ σαφέστερα τῇ φύσει κὶ γνωριμώτερα....... Ὕστερον δὲ ἐκ τούτων γίνεται γνώριμα τὰ στοιχεῖα, καὶ αἱ ἀρχαὶ, διαιροῦσι ταῦτα. Διὸ ἐκ τοῦ καθόλου, ἐπὶ τὰ καθ' ἕκαστα δεῖ προϊέναι

Tunc enim putamus unumquodque cognoscere, cùm causas primas noverimus, & principia prima, & usque ad elementa ; perspicuum est, hîc quo-

ble que Descartes ait adopté jusqu'à sa manière de s'exprimer.

17. Descartes étoit persuadé qu'il avoit découvert le premier l'arme la plus propre à sapper en ruine le grand boulevard du scepticisme, en déduisant du doute même une vérité fondamentale ; & il croyoit avoir formé le premier ce syllogisme; *Je doute* [ou *je pense,*] *donc je suis.* En effet, on lui a long-temps attribué tout l'honneur de cet argument, qui se trouve cependant dans S. Augustin. *Je ne vois pas,* disoit ce grand homme, *ce qu'il y a de si redoutable dans le doute des Académiciens ; car ils ont*

Argument de Descartes: Je pense, donc je suis ; pris de saint Augustin.

---

que tentandum, ut *primùm definiantur ea,* quæ ad principia naturalis scientiæ pertinent. Naturaliter autem constituta est via ab iis, quæ sunt *nobis notiora, & clariora,* ad ea, quæ sunt clariora, & notiora *naturâ*....... Quare necesse est hoc modo progredi, nimirùm ex iis, quæ naturâ quidem sunt obscuriora....... ad ea, quæ sunt notiora, & clariora naturâ....... Deinde iis, qui hæc dividunt, *ex ipsis elementa & principia innotescunt.* Idcircò ab universalibus ad singularia progredi oportet. *Aristot. Physic. Auscultat. Lib.* 1. *de methodo hujus libri, tom.* 1, p. 315. A & B.

beau dire que je puis me tromper ; si je me trompe, j'en conclus que je suis : car celui qui n'est pas, ne peut pas se tromper ; & par cela même que je me trompe, je sens que je suis (a).

<small>Principes de Locke les mêmes que ceux d'Aristote.</small>

18. Tout ce qu'a dit Locke, dans son *Essai sur l'entendement humain*, a été le fruit d'une observation exacte des principes d'Aristote, lequel tenoit que toutes nos idées venoient originairement des sens, & disoit qu'un aveugle ne pouvoit avoir l'idée des couleurs (b), ni un sourd la notion du bruit : il établissoit les sens pour juges de la vérité, quant aux opérations de l'imagination ; & l'entendement, par rapport aux choses qui regardent la régle de notre vie, & la morale : & il a fondé ce

---

(a) *Mihi esse, idque nosse, & amare, certissimum est. Nulla in his veris Academicorum argumenta formido, dicentium : Quid si falleris ? Si enim fallor, sum : nam qui non est, utique nec falli potest, ac per hoc sum, si fallor. Quo argumento usus quoque est aliis locis.* August. *de Lib. arbit.* lib. 2, c. 3, & idem *de Civit. Dei*, lib. 11, c. 26.

(b) *Aristoteles Physic. Auscult.* Lib. 2. c. 1. to. 1. p. 328. B.

principe, si renommé des Péripatéticiens, qu'*Il n'y a rien dans l'esprit qui n'y soit entré par les sens*; lequel est répandu dans mille endroits différens de ses ouvrages (*a*). Mais sur-tout Locke a puisé chez les Stoï-

---

(*a*) Ex sensu memoria; ex memoriâ experientia; ex multis experimentis in unum collectis exsurgit universale, quod apprehendit intellectus, ex quo aliquid concludit διάνοια. *Aristoteles Analytic. Posterior. Lib.* 2, *Tractatus* 4, *cap.* 19, *vel ultim. pag.* 179, *C. D. E. & seq. Edit. Duval.* 1629. *Vide & Averroëm in hunc locum.... Et Diogenes Laertius in Aristotelem, Lib.* 5, *Sect.* 29.

» Il est bon de remarquer ici, que ce fa-
» meux axiome de l'école péripatéticienne: *Nihil*
» *est in intellectu quod non priùs fuerit in sensu*,
» n'est point d'Aristote, comme on le croit ordi-
» nairement, ni même de ses plus anciens com-
» mentateurs: c'est un des axiomes introduits par
» les scholastiques, & appuyé principalement sur
» le passage ici cité, & le dernier chapitre du se-
» cond Livre d'Aristote *de animâ*. A la suite du pas-
» sage cité dans cette note se trouve seulement
» cette expression: *itaque* nec insunt *definiti habitus; nec fiunt ex aliis habitibus notioribus*, sed ex sensu. *Vid. Philopon. in hunc locum. p.* 149. *col.* 1. *Themistium in eund. loc. cap.* 35 & 37.

B ij

ciens ce qui fait le fond de son système : une courte exposition des deux sentimens suffira pour en convaincre le lecteur.

Locke comparé avec les Stoïciens.

19. Le philosophe Anglois fait, des sensations, les matériaux dont la réflexion se sert pour composer les notions de l'ame : les sensations chez lui sont des idées simples, dont la réflexion forme les idées complexes ; c'est-là le fondement de son livre, dans lequel il est vrai qu'il a répandu un grand jour sur la maniere dont nous acquérons nos idées, & sur leur association ; mais il est clair aussi, par tout ce que Sextus Empiricus, Plutarque & Diogene Laërce nous ont conservé de la doctrine des Stoïciens, qu'ils raisonnoient de la même maniere que Locke a fait de nos jours ; & on peut juger par ce qu'en dit Plutarque, que si tout ce qu'ils ont écrit sur ce sujet [dans les ouvrages dont il ne nous reste que les titres] étoit parvenu jusqu'à nous, nous n'aurions pas eu besoin de l'ouvrage de Locke. „ Le fond de la doctrine de Zénon „ & de son école sur la logique, étoit, „ que toutes nos notions nous viennent des

» sens (a). L'esprit de l'homme, à sa naif-
» sance, est semblable, disoient les Stoï-
» ciens, au papier blanc disposé à recevoir

(a) Οἱ Στωϊκοί φασιν, Ὅταν γεννηθῇ ὁ ἄνθρωπος, ἔχει τὸ ἡγεμονικὸν μέρος τῆς ψυχῆς, ὥσπερ χάρτης ἀργῆς εἰς ἀπογραφήν. εἰς τοῦτο μίαν ἑκάστην τῶν ἐννοιῶν ἐναπογράφεται. Πρῶτος δὲ ὁ τῆς ἀναγραφῆς τρόπος, ὁ διὰ τῶν αἰσθήσεων. Αἰσθανόμενοι γάρ τινος, οἷον λευκοῦ, ἀπελθόντος αὐτοῦ, μνήμην ἔχουσιν· ὅταν δὲ ὁμοειδεῖς πολλαὶ μνῆμαι γένωνται, τότε φασὶν ἔχειν ἐμπειρίαν· ἐμπειρία γάρ ἐστι τὸ τῶν ὁμοειδῶν πλῆθος. Τῶν δὲ ἐννοιῶν αἱ μὲν φυσικαὶ γίνονται κατὰ τοὺς εἰρημένους τρόπους, κ᾽ ἀνεπιτεχνήτως· αἱ δὲ ἤδη δι᾽ ἡμετέρας διδασκαλίας, κ᾽ ἐπιμελείας. Αὗται μὲν οὖν, ἔννοιαι καλοῦνται μόνον, ἐκεῖναι δὲ κ᾽ προλήψεις. Ὁ δὲ λόγος, καθ᾽ ὃν προσαγορευόμεθα λογικοί, ἐκ τῶν προλήψεων συμπληροῦσθαι λέγεται, κατὰ τὴν πρώτην ἑβδομάδα. Ἔστι δὲ νόημα φάντασμα διανοίας λογικοῦ ζώου.

Stoïci dicunt : Quùm natus fuerit homo, is *principem animæ partem veluti chartam habet, in quâ aliquid exarare conetur*; adeòque in illâ animæ parte unamquamque notionem à se comparatam inscribit. Primus verò ejusmodi scriptionis, vel scribendi modus est *ille, qui per sensus efficitur.* Qui enim objectum aliquod sentiunt, ut album, illo sublato, vel recedente, ejus adhuc memoriam habent : *quùm verò plures ejusmodi memoriæ formâ inter sese similes efformatæ fuerint, tunc Stoïci nos experimentum habere dicunt*; experimentum enim est

B iij

» tout ce que l'on veut y écrire ; les pre-
» mieres impressions qu'il reçoit, lui vien-
» nent des sens ; les objets sont-ils éloignés,
» la mémoire sert à retenir ces impressions ;
» la répétition de ces mêmes impressions fait
» l'expérience. Les notions sont de deux
» genres, naturelles & artificielles ; les na-
» turelles sont les vérités qui ont leur sour-
» ce dans les sensations, ou sont acquises
» par les sens ; c'est pourquoi ils les appel-
» loient aussi anticipations : les notions ar-
» tificielles sont produites par la réflexion
» de l'esprit, dans des êtres doués de raison.

---

multitudo notionum plurium formâ similium. Notionum verò physicæ quidem juxta prædictos modos fiunt, solo sensuum naturæque præsidio, sine arte ; aliæ verò doctrinâ, studioque, vel industriâ nostrâ comparantur. Itaque *hæ quidem notiones solùm vocantur ; illæ* verò *anticipationes etiam, vel prænotiones dicuntur.* Ratio verò, propter quam rationales vocamur, ex anticipationibus perfici, sive compleri dicitur in primo septenario, primis nempè septem ætatis annis. Notio verò, mentisque conceptus est imago cogitationis, quæ ab animali rationis compote producatur. *Plutarchus de Placitis Philosoph. lib.* 4, *c.* 11. *Vide & Diog. Laert. Lib.* 7. *Sect.* 51, 52, 53, 54.

CHAPITRE II.

Idées innées de DESCARTES *& de* LEIBNITZ, *tirées de* PLATON, HÉRACLITE, PYTHAGORE, *& des Chaldéens. Systême de* MALLEBRANCHE, *puisé dans la même source & dans* S. AUGUSTIN.

20. LES idées innées des premieres vérités, défendues par Descartes & Leibnitz, & qui ont élevé des disputes si vives & si subtilement discutées parmi les métaphysiciens de ce siécle, ont puisé leur origine dans Platon, source féconde des vérités les plus sublimes pour un esprit attentif. Ce grand philosophe, qui a mérité le surnom de divin, parce qu'il a le mieux parlé de la Divinité, avoit cependant un sentiment erroné & particulier sur l'origine de l'ame, » qu'il disoit être émanée de l'essence di- » vine où elle s'étoit imbue de la connois- » sance des idées; mais qu'ayant péché elle » étoit déchue de son premier état, & » avoit été condamnée à demeurer unie au

Idées innées de Platon, adoptées par Descartes & Leibnitz.

B iv

» corps, dans lequel elle étoit retenue com-
» me dans une prison (a); & que l'oubli de
» ses premieres idées étoit la suite néces-
» saire de cette peine. il ajoutoit que l'a-
» vantage de la philosophie étoit de répa-
» rer cette perte, en ramenant l'esprit peu
» à peu à ses premieres connoissances; &
» que cela ne pouvoit s'accomplir qu'en
» l'accoutumant comme par degrés à con-
» noître ses propres idées, & par un res-
» souvenir complet, à comprendre sa pro-
» pre essence, & la vraie essence des cho-
» ses «. De ce premier principe de l'émanation divine de l'ame dans la philosophie de Platon, il s'ensuivoit donc naturellement que l'ame (a) avoit eu autrefois en elle-

_____

(a) Animus gravi sarcinâ pressus, explicari cupit, & reverti ad alia, quorum fuit; nam corpus hoc animi pondus, ac pœna est; premente illo urgetur, in vinculis est; nisi accessit philosophia, & illum respirare rerum naturæ spectaculo jussit, & à terrenis dimisit ad divina. Hæc libertas ejus est, hæc evagatio. Subducit interim se custodiæ, in quâ tenetur, & cælo reficitur. *Seneca Epist.* 65. *p.* 494. B.

(a) Ἅτε ἐν ἡ ψυχὴ ἀθάνατός τε ἐστι, καὶ πολλάκις γεγονυῖα, καὶ ἑωρακυῖα, καὶ τὰ ἐνθάδε, καὶ τὰ ἐν ᾅδου, καὶ πάντα

même les connoissances de toutes choses ; & qu'elle avoit encore conservé la faculté

χρήματα, οὐκ ἔςιν ὅ, τι οὐ μεμάθηκεν...... Ἅτε γὰρ τῆς φύσεως ἁπάσης συγγενοῦς ὄυσης, καὶ μεμαθηκυίας τῆς ψυχῆς ἅπαντα, οὐδὲν κωλύει, ἓν μόνον ἀναμνησθέντα (ὁ δὴ μάθησιν καλοῦσιν ἄνθρωποι) τἆλλα πάντα αὐτὸν ἀνευρεῖν, ἐάν τις ἀνδρεῖος ᾖ, κὴ μὴ ἀποκάμῃ ζητῶν· τὸ γὰρ ζητεῖν ἄρα κὴ τὸ μανθάνειν, ἀνάμνησις ὅλον ἐςίν. *Plato in Menone, tom. 2, p. 81.* Quùm igitur animus immortalis sit, & *sapenumerò redivivus exstiterit*, eaque, quæ hîc sunt, & apud inferos viderit, nihil unquam rerum est, quas non didicerit..... Quùm enim universa natura uno quodam, cognatoque genere contineatur, & omnia animus didicerit, nihil impedit hominem uno quodam in memoriam revocato (quod disciplinam vocant) omnia cætera invenire, si quis virili animo fuerit, nec investigando defetiscat. *Nam investigare, & discere omninò est reminiscentia. Confer. p. 35. in Epimonide, tom. 2, p. 974, & in Phæd. t. 3, p. 249.* ubi : Τοῦτο ἐςὶν ἀνάμνησις ἐκείνων, ἅ ποτ᾽ εἶδεν ἡμῶν ἡ ψυχὴ συμπορευθεῖσα τῷ θεῷ. *Hoc est recordatio illarum rerum, quas olim vidit animus noster cum* Deo *profectus.*

Et à l'occasion du mot σῶμα *in Cratylo, to. 1, pag. 400.* Καὶ Σῆμά τινές φασιν αὐτὸ (σῶμα) εἶναι τῆς ψυχῆς, ὡς τεθαμμένης ἐν τῷ νῦν παρόντι. Nam sepulcrum animæ corpus esse aiunt quidam, tanquam ad hoc quidem tempus anima sit in corpore sepulta.

de se rappeller son origine immortelle, & ses premieres connoissances. Descartes & Leibnitz ont raisonné de la même maniere, en admettant des vérités éternelles & premieres, imprimées en nos ames; ..... ils ont substitué la préexistence & la création des ames à leur émanation de la Divinité, enseignée par Platon; & ils ont défendu ce système avec les mêmes raisons, dont s'étoit servi Platon, & qui paroissent être puisées dans cet auteur même.

Système de Mallebran. 21. Mallebranche parut ensuite sur les

Et peu après : Δοκοῦσι μέντοι μοι μάλιστα θέσθαι οἱ ἀμφὶ Ὀρφέα τοῦτο τὸ ὄνομα, ὡς δίκην διδούσης τῆς ψυχῆς, ὧν δὴ ἕνεκα δίδωσι· τοῦτον δὲ περίβολον ἔχειν, ἵνα σώζηται, δεσμωτηρίου εἰκόνα· εἶναι οὖν τῆς ψυχῆς τοῦτο αὐτὸ, ὥσπερ ὀνομάζεται, ἕως ἂν ἐκτίσῃ τὰ ὀφειλόμενα, τὸ σῶμα. Videntur tamen mihi Orphæi studiosi, istius vocabuli originem optimè notasse, videlicet, ut significetur anima pœnas pendere, & quidem explicari, quâ de causâ pœnas pendat. Animam igitur, quasi vallum, claustrumque, carceris scilicet imaginem, hoc corpus circumferre, ut ipsa servetur, ac proindè illud ipsum animæ esse corpus, quod præ se fert vocabulum, donec quæ debet anima plenè in corpore persolverit.

rangs pour défendre les principes de Descartes, & s'engagea lui-même à soutenir une opinion sur la nature des idées, qui étonna tous les esprits par une singularité apparente, que l'on traita presque d'extravagance, quoique ce philosophe n'eût cependant rien avancé qui ne puisse s'appuyer sur l'autorité des plus beaux génies de l'Antiquité tels que Pythagore, Parménides, Héraclite, Démocrite, Platon, & Saint Augustin; sans faire mention de l'école Chaldéenne, d'où l'opinion du P. Mallebranche semble être premierement dérivée. *che sur les idées, puisé chez les Chaldéens, dans Platon, &c.*

22. Dans la seconde partie de la *Recherche de la vérité*, cet auteur célébre, après avoir défini l'idée, *l'objet immédiat* ou *le plus proche de l'esprit, quand il apperçoit quelque objet*, démontre la réalité de leur existence, en faisant voir qu'elles ont des propriétés ; ce qui ne peut jamais arriver au néant, qui n'a point de propriété ; il distingue ensuite les sentimens d'avec les idées ; il examine les cinq différentes manieres, dont l'esprit peut voir les objets *Exposition du système de Mallebranche.*

de dehors ; il réfute les quatre premieres, pour établir la cinquiéme, qui est celle qu'il soutient être la seule conforme à la raison, & qu'il expose, en disant qu'il est absolument nécessaire que Dieu ait en lui-même les idées de tous les êtres qu'il a créés, puisqu'autrement il n'auroit pas pu les produire ; il ajoute qu'il faut de plus sçavoir que Dieu est étroitement uni à nos ames par sa présence, de sorte qu'on peut dire qu'il est le lieu des esprits, de même que les espaces sont dans un sens le lieu des corps ; & il en conclut, que l'esprit peut connoître ce qu'il y a dans Dieu qui représente les êtres créés, supposé que Dieu veuille bien se communiquer à nous de cette maniere ; ce qu'il prouve ensuite par des raisons qui ne sont plus de ce sujet. Et dans ses *Entretiens métaphysiques* (a), il fait remarquer que Dieu, ou la raison universelle, renferme les idées qui nous éclairent, & que les ouvrages de Dieu ayant été formés sur ces idées, on ne peut mieux

---

(a) *Troisiéme Entretien*, Sect. II.

faire que de les contempler pour découvrir la nature & les propriétés des êtres créés.

23. On a commencé par traiter Malle-branche de visionnaire, pour avoir avancé ces sentimens, quoiqu'il les eût accompagnés des preuves les plus judicieuses & les plus solides que puisse fournir la métaphysique, & on n'a point songé à l'accuser de plagiat, quoique son système & sa maniere de le prouver se trouvassent à la lettre dans les auteurs anciens que je viens de nommer. Mallebran-che autorisé des anciens.

24. Pour mieux justifier la vérité de ce que j'avance ici, je commencerai par rapporter la doctrine des Chaldéens, laquelle paroîtra peut-être exposer moins clairement ce système ; mais cela doit être attribué plutôt à l'éloignement du temps & au peu de fragmens qui nous restent de leurs écrits, qu'à toute autre raison ; & afin de les rapprocher de nous en partie, voyons ce qu'en dit Proclus, qui étoit plus à portée que nous de les entendre : voici les (a) vers Doctrine des Chaldéens sur les idées.

(a) Νᴕ̃ς Πατρὸς ἐρροίζησε νοήσας ἀκμῆτι βᴕλῇ
Παμμόρφᴕς ἰδέας, πηγῆς δ᾽ ἀπὸ μιᾶς ἀποπτᾶσαι
Ἐξέθορον· πατρόθεν γὰρ ἔην βᴕλή τε, τέλος τε.

que cet auteur rapporte ; & après avoir cité ces fragmens, qu'il regarde comme des oracles des dieux, il dit : « Les dieux dé- » clarent ici où se trouve l'existence des » idées ; quel est ce Dieu qui en est la sour- » ce unique ; *comment le monde a été formé* » *d'après leur modele, & comment elles sont*

Mens Patris striduit, intelligens indefesso consilio
Omniformes ideas ; *fonte verò ab uno evolantes*
Exilierunt ; à Patre enim erat & consilium, & finis.
Oracula Chaldæorum, v. 100.

Ἀλλ' ἐμερίσθησαν, νοερῷ πυρὶ μοιρηθεῖσαι,
Εἰς ἄλλας νοεράς, κόσμῳ γὰρ ἄναξ πολυμόρφῳ
Προὔθηκεν νοερὸν τύπον ἄφθιτον, ὃ κατὰ κόσμον,
Ἴχνος ἐπειγόμενος μορφῆς, καθ' ἃ κόσμος ἐφάνθη
Παντοίαις ἰδέαις κεχαρισμένος, ὧν μία πηγή. &c.

Sed divisæ sunt, intellectualem ignem forte nactæ,
In alias intellectuales ; mundo enim Rex multiformi
Proposuit *intellectualem typum*, incorruptibilem,
non ordine,
Vestigium properans formæ, prout mundus adparuit
Omnigenis ideis donatus, quarum unus fons. &c.
v. 105.

Νοήμαται Ἰυγγες πατρόθεν νοέουσι καὶ αὐταί,
Βουλαῖς ἀφθέγκτοισι κινεύμεναι, ὥστε νοῆσαι.
Intellectæ ideæ à Patre intelligunt & ipsæ,
Consiliis ineffabilibus motæ, ut intelligentes.
v. 117.

« la source de toutes choses : d'autres pour-
» ront découvrir de profondes vérités dans
» leurs recherches sur ces notions divines ;
» pour nous, il nous suffit d'y voir que les
» dieux eux-mêmes ratifient les contempla-
» tions de Platon, *en donnant le nom d'idées*
» *à ces causes intellectuelles*, & affirmant
» *qu'elles sont l'archétype du monde*, & la
» pensée du Pere ; *qu'elles résident en effet*
» *dans l'intelligence du Pere, & procédent*
» *de lui pour concourir à la formation du*
» monde.

25. Quant au sentiment de la secte Ita- *Nombres de Pythagore,* lique, il est assez généralement reconnu de *les mêmes* tous les sçavans que Pythagore & tous ses *que les idées* disciples ont presque entendu la même chose par les nombres, que ce que Platon a enseigné sur les idées ; M. Brucker a mis cette question hors de doute dans la sçavante histoire qu'il a écrite des idées, & dans plusieurs endroits de son excellent ouvrage sur l'histoire de la philosophie. Il fait voir que les Pythagoriciens s'exprimoient, à l'égard des nombres, dans les termes mêmes employés par Platon; ils les appelloient

τὰ ὄντως ὄντα, *reverà exiſtentia* (*a*); c'étoient les ſeuls êtres qui exiſtaſſent.... *véritablement, éternellement immobiles*; ils les appelloient des êtres incorporels, & par qui les autres êtres participent à l'exiſtence.

Opinion d'Héraclite.

26. Héraclite adopta les premiers principes des Pythagoriciens, & les expoſa d'une maniere plus claire & plus ſyſtématique; il diſoit (*b*) que tout dans la nature

---

(*a*) Τὰ ὄντως ὄντα, τὰ κατὰ, καὶ ὡσαύτως ἀεὶ διατελοῦν-τα ἐν τῷ κόσμῳ, καὶ οὐδέποτε τοῦ εἶναι ἐξιστάμενα, οὐδὲ ἐπὶ βραχύ. ταῦτα εἴη τὰ ἄϋλα, καὶ ὧν κατὰ μετουσίαν ἕκαστον λοιπόν, τῶν ὁμωνύμως ὄντων καλουμένων, τὸ δέ τι λέγεται, καὶ ἐστί. Reverà exiſtentia, quæque ſecundùm idem, ac eodem ſemper modo ſunt perfecta, & nunquam, ne minimo quidem temporis momento, immutantur. Hæc verò eſſe expertia materiæ, ac quorum per participationem cætera, quæ æquivocè dicuntur eſſe, ſunt ac dicuntur, ut ex Pythagorâ habet *Nicomachus in Theologumenis Arithmeticis*.

(*b*) Συνέβη ἡ περὶ τῶν ἰδεῶν δόξα τοῖς εἰποῦσι, διὰ τὸ πεισθῆναι περὶ ἀληθείας, τοῖς Ἡρακλειτείοις λόγοις, ὡς πάντων τῶν αἰσθητῶν ἀεὶ ῥεόντων, ὡς εἴπερ ἐπιστήμη τινὸς ἔσται, καὶ φρόνησις, ἑτέρας δεῖν τινὰς φύσεις εἶναι, παρὰ τὰς αἰσθητὰς, μενούσας· οὐ γὰρ εἶναι τῶν ῥεόντων ἐπιστήμην. Ἀλλ' ὁ μὲν Σωκράτης τὰ καθόλου οὐ χωριστὰ ἐποίει, οὐδὲ τοὺς ὁρισμούς. οἱ δὲ ἐχώρισαν, καὶ τὰ τοιαῦτα, τῶν ὄντων ἰδέας

étant

étant dans un changement perpétuel, il devoit y avoir *des êtres permanens, sur la connoissance desquels toute la science fût fondée, & qui devoient servir à régler notre jugement sur les choses sensibles & changeantes.*

27. Démocrite enseigna aussi *l'existence des idées universelles des choses, qu'il croyoit être participantes de la Divinité, d'où elles étoient émanées* (a). M. Bayle [art. Démo- Démocrite a précédé Malebranche en son système, suivant Bayle.

προσηγόρευσαν· ὥστε συνέβαινεν αὐτοῖς σχεδὸν τῷ αὐτῷ λόγῳ, πάντων ἰδέας εἶναι τῶν καθόλου λεγομένων. Contigit verò opinio de ideis, illis, qui propterea quòd de veritate persuasi essent, adhaeserant Heracliti placitis, *quòd sensibilia omnia semper fluant.* Quòd si igitur scientia alicujus rei vel prudentia sit, oportere *alias* quoque *existere naturas permanentes praeter sensibiles.* Non enim fluentium dari scientiam. Verùm Socrates quidem universalia non separata posuit, neque etiam definitiones. Illi verò separarunt, ac ejusmodi (universalia) *ideas entium appellarunt.* Quarè ferè accidit eis eâdem ratione, ut omnium, *quae universaliter dicuntur, ideae sint.* Aristoteles métaphys. L. XI. c. 4. p. 957.

(a) Democritus tùm censet, imagines divinitate praeditas inesse universitati rerum; tùm principia, mentesque, quae sunt in eodem universo, Deos esse dicit; tum animantes imagines, quae vel prodesse

Partie I.   C

CRITE, *note* p.] en comparant le sentiment de Démocrite avec le système de Mallebranche, s'exprime en ces termes : » Pre- » nez bien garde que Démocrite enseignoit » que les images des objets sont des éma- » nations de Dieu, & sont elles-mêmes un » Dieu ; & que l'idée actuelle de notre ame » est un Dieu ; y a-t-il bien loin de cette » pensée à dire que nos idées sont en Dieu, » comme le P. Mallebranche l'a dit, & » qu'elles ne peuvent être une modification » d'un esprit créé ? ne s'ensuit-il pas de-là » que nos idées sont Dieu lui-même ? « Non, pourroit répondre un Mallebranchiste à M. Bayle ; la conséquence que vous tirez ici contre le P. Mallebranche n'est ni juste, ni nécessaire. Dire que Dieu nous communique les idées qui sont en lui, n'est pas dire que nos idées sont Dieu lui- même ; ce sont toujours les idées éternelles de Dieu, que nous appercevons ; &

---

solent, vel nocere ; tùm ingentes quasdam imagines, tantasque, ut universum mundum complectantur, extrinsecùs. *Cic. de naturâ Deor. Lib. I. Sect.* 165, *p.* 200.

CHEZ LES ANCIENS. 35

quand nous les appellons nos idées, nous parlons ainsi abusivement, pour dire la maniere dont nous contemplons ou concevons les idées que Dieu nous communique. Mais ce n'est point ici le lieu de défendre Mallebranche, il suffit à mon sujet de représenter l'analogie de ses principes avec ceux des anciens.

28. Passons à Platon, celui de tous les philosophes, qui pour avoir le mieux expliqué & détaillé ce systême, a mérité d'en être regardé comme le premier auteur. » Platon donnoit l'appellation d'idées à » des substances éternelles, intelligentes, « qui étoient à l'égard des Dieux, les for- » mes exemplaires de tout ce qui avoit été » créé, & à l'égard des hommes l'objet de » toute la science, & de leur contempla- » tion pour apprendre à connoître les cho- » ses sensibles : le monde (a) avoit toujours

Doctrine de Platon sur les idées.

―――――――――――――――――
(a) Τὸ δὲ ἐπισκεπτέον περὶ αὐτ- (κόσμε), πότερον τῶν παραδειγμάτων ὁ τεκταινόμενος αὐτὴν ἀπειργάζετο· πότερον πρὸς τὸ κατὰ ταῦτα, καὶ ὡσαύτως ἔχον, ἢ πρὸς τὸ γεγονός· εἰ μὲν δὴ καλός ἐστιν ὅδε ὁ κόσμος, ὅ, τι δημιουργὸς ἀγαθὸς, δῆλον, ὡς πρὸς τὸ ἀίδιον ἔβλεπεν. εἰ δὲ (ὃ μηδ᾽

C ij

» existé, suivant Platon, dans les idées de
» Dieu, lequel ayant enfin déterminé de
» le faire exister tel que nous le voyons, le
» créa sur ces exemplaires éternels, &

εἰπεῖν πη ἥμεις) πρὸς τὸ γεγονός. Παντὶ δὲ σαφές, ὅτι πρὸς τὸ ἀΐδιον.

Illud confiderandum eſt de univerſo, *ad quod exemplar* opifex illud fit architectatus, effeceritque, an ad illud, quod earum eſt rerum., quæ eodem modo ſemper habent, quod ſemper unum, & idem eſt ſui ſimile, an ad id, quod generatum, ortumque diximus. Atqui ſi pulcher eſt hic mundus, ſi bonus eſt ejus opifex, perſpicuum eſt, ipſum *ad ſempiternum illud exemplar reſpexiſſe*, ſin minùs, (quod dictu quidem nefas eſt) generatum exemplar ſibi propoſuit. At quilibet ſanè perſpexerit, *ſempiternum exemplar* ſibi propoſuiſſe. *Plato in Timæo, to. 1. p. 28.*

Et in eodem Dialogo: ὁμολογητέον εἶναι τὸ κατὰ ταῦτα ἔχον εἶδος, ἀγέννητον, καὶ ἀνώλεθρον, οὐδὲ εἰς ἑαυτὸ εἰσδεχόμενον ἄλλο ἄλλοθεν, οὔτε αὐτὸ εἰς ἄλλο ποιόν, ἀόρατόν τε, καὶ ἄλλως ἀναίσθητον τοῦτο, ὃ δὴ νόησις εἴληχεν ἐπισκοπεῖν. Neceſſe eſt, eſſe ſpeciem, quæ ſemper eadem ſit, ſine ortu, atque interitu, quæ nec in ſe accipiat quidpiam aliud aliundè, nec ipſa procedat ad aliud quidpiam, ſenſuque corporis nullo percipiatur; atque hoc eſt, quod ad ſolam intelligentiam pertinet.

CHEZ LES ANCIENS. 57

» forma le monde sensible sur l'image du
» monde intellectuel ». Cicéron parlant de
ce sentiment de Platon, dit (a): » qu'il ap-
» pelle les formes des choses *idées* ; qu'il
» n'accorde point qu'elles aient été produi-
» tes, mais leur donne une existence éter-
» nelle, & les fait résider dans la raison
» & l'intelligence de Dieu. »

29. Nous venons de voir, en exposant *Occasion de cette opi-*
le sentiment d'Héraclite, ce qui pouvoit *nion chez*
avoir porté Platon à épouser cette doctri- *Platon.*
ne. Admettant comme lui la fluctuation
perpétuelle des choses sensibles, il sentoit
que les fondemens de la science ne pouvoient subsister, s'ils n'étoient établis sur
des êtres réels & permanens, qui pussent
être l'objet certain de nos connoissances,
& que l'esprit devoit consulter, pour connoître les choses sensibles. On voit bien
par les passages cités de Platon, que c'étoit-
là clairement sa pensée, & il suffit de les
mettre sous les yeux pour faire voir que

_____

(a) *Has rerum formas appellat ideas Plato, eas-
que gigni negat, & ait semper esse, ac ratione, &
intelligentia contineri.* Cic. de Orat. N°. 10.

C iij

Mallebranche a puisé dans cet auteur tout ce qu'il a dit sur ce sujet dans sa *Recherche de la vérité*, & ses *Entretiens métaphysiques*.

<small>S. Augustin a suivi la ton: & Mallebranche les a copiés sous deux.</small>

30. Je ne rapporterai plus qu'un passage de S Augustin qui donnera la plus grande évidence à cette assertion, & fera voir, que c'est à grand tort que les Théologiens se sont récriés contre Mallebranche, pour avoir soutenu un sentiment qu'ils accusoient d'impiété en lui, sans jamais penser à faire la même imputation aux auteurs originaux qu'il avoit copiés. On verra par ce passage que, selon S. Augustin, *les idées sont éternelles & immuables ; qu'elles sont les exemplaires, ou les archétypes des créatures ; enfin qu'elles sont en Dieu :* en quoi il différoit de Platon qui les séparoit de l'essence divine ; & on jugera aisément du rapport parfait qui se trouve entre ce S. pere & le philosophe moderne (*a*).

(*a*) Ideas Plato primus appellasse perhibetur : non tamen, si hoc nomen antequàm ipse institueret, non erant quas ideas vocavit, vel à nullo erant intellectæ. Nam non est verisimile, sapientes aut

31. Leibnitz étoit un peu de l'avis du P. *Leibnitz est de l'avis du P. Mallebranche.*

nullos fuisse ante Platonem ; aut istas, quas Plato ideas vocat, quæcunque res sint, non intellexisse. Siquidem in eis tanta vis constituitur, ut nisi his intellect. sapiens esse nemo possit.... Sed rem videamus quæ maximè consideranda est, atque noscenda..... Sunt *ideæ* principales *formæ quædam, vel rationes rerum stabiles*, atque incommutabiles, quæ ipsæ formatæ non sunt, ac per hoc *æternæ*, ac semper eodem modo sese habentes, quæ *in divinâ intelligentiâ continentur*. Et cùm ipsæ neque oriantur, neque intereant, *secundùm eas tamen formari dicitur omne, quod oriri, vel interire potest*..... Quod si rectè dici, vel credi non potest, Deum irrationabiliter omnia condidisse, restat, ut omnia ratione sint condita. Nec eâdem ratione homo, quâ equus : hoc enim absurdum est existimare. Singula igitur propriis sunt creata rationibus. Has autem rationes ubi arbitrandum est esse, nisi *ex ipsâ mente creatoris* ? Non enim extra se quidquam positum intuebatur, ut secundùm id constitueret, quod constituebat : nam hoc opinari sacrilegum est. Quod si *hæ rerum omnium creandarum, creatarumve rationes in divinâ mente continentur*, neque in divinâ mente quidquam, nisi æternum, atque incommutabile, potest esse, atque has rationes principales appellat Plato : *non solùm sunt ideæ, sed ipsæ veræ sunt, quia æternæ sunt*, & ejus-

Mallebranche (a), & il étoit assez naturel qu'il le fût, ayant adopté les mêmes principes de Pythagore, de Parménide & de Platon, comme nous le ferons voir en passant de la métaphysique à la physique ; il suffira de dire ici qu'il entendoit par ses monades (b. *les êtres véritablement existans ; des substances simples, images éternelles des choses universelles.*

---

modi, atque *incommutabiles* manent; *quarum participatione fit, ut sit quidquid est, quoquomodò est.* S. August. Lib. 83. Quæst. 46.

(a) Non tamen displicuit in totum Mallebranchii opinio magno philosopho G. G. Leibnitio, qui in meditationibus de veris, & falsis ideis, *Actis Erudit.* 1684, *mens. Nov. p.* 541, insertis, *eam,* ait, *si sano sensu intelligatur, non omninò spernendam esse, ita tamen, ut præter illud, quod in Deo videmus, necesse sit, nos quoque habere ideas proprias, id est, non quasi icunculas quasdam, sed affectiones, sive modificationes mentis nostræ respondentes ad id ipsum, quod in Deo perciperemus.* Brucker, p. 1166.

(a) *In Epist. ad Hanschii Tractatum de Enthusiasmo Platonico* τὰ simulacra universitatis. τὰ ὄντως ὄντα, substantias simplices, Deum, animas, mentes.

CHAPITRE III.
Des Qualités sensibles.

32. Il n'y a point de partie de la philosophie qui ait fait moins de progrès chez le vulgaire, que celle qui, traitant des qualités sensibles, les bannit entierement des corps, pour les faire résider dans l'esprit. Les plus célèbres philosophes de l'Antiquité ont reconnu cette vérité, qui naissoit naturellement des principes de leur philosophie, & dont ils déduisoient les mêmes conséquences. Démocrite, Socrate, Aristippe, chef de la secte Cyrénaïque, Platon, Epicure & Lucrèce ont dit clairement que le froid, la chaleur, les odeurs & les couleurs n'étoient que des sensations excitées dans notre ame, par la différente opération des corps qui nous environnent, sur chacun de nos sens; & il est aisé de faire voir qu'Aristote même étoit de l'opinion (a) : *Que les qualités sensibles existent*

Les qualités sensibles reconnues des anciens avoir toute leur existence dans l'ame.

___
(a) *Arist. Problem.* 33. *Sect.* 11, *p.* 741, *tom.* 2.

dans l'ame, quoique, par sa maniere obscure de s'expliquer là-dessus, & ses qualités occultes, il ait donné sujet de croire qu'il pensoit autrement; il n'y a que les scholastiques, que je sçache, qui aient positivement cru & enseigné que les qualités sensibles existoient dans les corps comme dans les esprits, & qu'il y avoit dans les corps lumineux, par exemple, la même chose que ce qui est en nous, quand nous voyons la lumiere. Et comme la philosophie scholastique s'étoit emparée pendant quelques siécles de tous les esprits, lorsque Descartes, & Mallebranche après lui, se sont élevés contre un préjugé aussi répandu, & qu'ils se sont donné beaucoup

---

Sensus ab intelligentiâ sejunctus laborem velut insensibilem habet, unde dictum : *mens videt, mens audit.* νοῦς ὁρᾷ, κỳ νοῦς ἀκούει. Et *de sensu & sensili*, *c.* 2, *p.* 665. Non anima ipsa in oculi extremo, sed in parte internâ existit.--- *Vid. Lib.* 2 *de animâ cap.* 12, *pag.* 647, *tom.* 2. Et Epicharmum in Clem. Alex. Strom. Lib. 2, *p.* 369, *vide & Jamblichum de vitâ Pythagoræ, cap.* 32, *p.* 192: *Ciceron. Edit. Elzevir, p.* 1057, *col.* 1, *lin.* 14 *& seq.*

de soins pour tirer le vulgaire des philosophes de l'erreur grossiere où il se trouvoit plongé à cet égard, on ne s'est point apperçu qu'ils ne faisoient que renouveller les mêmes vérités enseignées par Démocrite, Platon, Aristippe & Sextus Empiricus, appuyées des mêmes argumens employés par ces philosophes, quoique quelquefois étendus davantage; on en a fait tout l'honneur à ces modernes, parce qu'ils ont beaucoup crié contre l'erreur, comme si elle eût été universelle; & on n'a pas daigné approfondir, si en effet il en étoit ainsi. Car pour peu qu'on eût fait attention à ce qu'ont dit les anciens sur cette matiere, & qu'on eût consulté leurs écrits, on auroit trouvé que quelques-uns, comme les Cyrénaïques, les Pyrrhonistes, & d'autres, non-seulement n'admettoient dans les corps aucune faculté d'exciter en nous des sensations, mais même qu'ils mettoient quelquefois en doute l'existence des corps; doute qui a paru si extravagant à notre siécle, lorsque le P. Mallebranche l'a avancé, & qui est cependant assez fondé selon les régles de la bonne logique. Cette négligence à vérifier l'origine de nos connoissances ; n'étoit cependant pas générale ; Gassendi (a) avoit publié un traité sur les qualités sensibles ; & il avoit donné aussi un abrégé de la philosophie des Pyrrhonistes sur ce sujet, avant que Descartes eût encore entrepris de le traiter comme il l'a fait depuis ; de sorte que parmi les modernes mêmes, Descartes n'est pas le premier qui ait distingué clairement les propriétés de l'esprit d'avec celles du corps, comme plusieurs sçavans paroissent encore le croire (b) ; & quant aux anciens, une courte exposition de ce qu'ont dit Descartes & Mallebranche sur cette distinction si essentielle, comparée avec ce que les anciens en ont enseigné, mettra bien-tôt le lecteur en état de décider à qui cette découverte doit être attribuée.

(a) *Gassendi de fine logica*, p. 72 & 372 & *seq.* Oper. tom. 1. Lugdun. 1658. fol.

(b) *Formey, Recherches sur les élémens de la matiere*, in-12, p. 8, & quelques autres.

33. Descartes commence par remarquer qu'il n'y a personne qui ne soit accoutumé dès son enfance à envisager les choses sensibles comme existantes hors de son esprit, & ayant une ressemblance avec les sensations ou les perceptions qu'il en a; de façon que voyant la couleur, par exemple, d'un objet, nous pensons voir quelque chose hors de nous, & semblable à l'idée que nous éprouvons alors de la couleur; & par cette habitude à en juger ainsi, nous n'avons jamais le moindre doute à cet égard. Il en est ainsi de toutes nos sensations (a); car quoique nous ne pensions pas qu'elles soient hors de nous, nous ne les regardons pas ordinairement comme existantes seulement dans notre esprit, mais bien dans notre main, notre pied, ou dans toute autre partie de notre corps; il n'est pas plus certain cependant, que la douleur que nous ressentons, comme étant par exemple dans le pied, n'est pas quelque chose hors de notre esprit

Opinion de Descartes sur ce sujet.

―――――――――――

(a) *Descartes Principiorum Philosophiæ*, Pars I. Sect. 66; *Blaeu, Amst.* 1692. *in-*4.

exiſtant dans le pied, qu'il ne l'eſt que la lumiere que nous appercevons (comme dans le ſoleil) exiſte en cet aſtre, & non dans notre eſprit : mais tous les deux ſont des préjugés de notre enfance : ainſi nous diſons que nous appercevons les couleurs ou ſentons les odeurs dans les objets, lorſque nous devrions dire qu'il y a quelque choſe dans les objets qui produit en nous ces ſenſations. Les principales cauſes de nos erreurs viennent donc des préjugés de notre enfance, dont nous ne pouvons pas aiſément nous délivrer dans un âge plus avancé.

<small>Mallebranche traite cette matiere avec beaucoup de clarté.</small>

34. Mallebranche ſaiſit cette idée de Deſcartes, & l'étendit même davantage. Dans ſon ouvrage célèbre *de la Recherche de la vérité*, il commence (*a*) par chercher la ſource de nos erreurs dans l'abus que nous faiſons de notre liberté, & dans la précipitation de nos jugemens; de façon que nos ſens, dit-il, ne nous jetteroient point dans l'erreur, ſi

_____

(*a*) *Mallebranche, Recherche de la vérité*, Liv. 1, *chap.* 5.

nous ne nous servions point de leur rapport pour juger des choses avec trop de précipitation. Par exemple, quand on voit de la lumiere, il est très-certain qu'on voit de la lumiere; quand on sent de la chaleur, on ne se trompe point de croire qu'on sent de la chaleur : mais on se trompe, quand on juge que la chaleur & les odeurs que l'on sent, sont hors de l'ame qui les sent; il combat ensuite les erreurs qui viennent de nos jugemens, il dépouille les corps des qualités sensibles, & enseigne comment l'ame & le corps contribuent à la production de nos sensations, & comment nous les accompagnons toujours de faux jugemens. Il blâme ceux qui jugent toujours des objets par les sensations qu'ils excitent en eux, & par rapport à leurs propres sens ; au lieu que les sens étant différens dans tous les hommes, ils devroient juger diversement de ce qui les affecte, & ne pas définir ces objets par les sensations qu'ils en ont; autrement ils parleront toujours sans s'entendre & mettront de la confusion par-tout.

Les modernes n'ont rien dit de nouveau à ce sujet.

35. Si nous examinons à préfent tout ce que les anciens ont enfeigné fur ce fujet, nous ferons furpris de la clarté avec laquelle ils fe font expliqués, & nous ne pourrons pas comprendre que l'on ait regardé comme nouvelles des opinions expofées dans leurs écrits avec tant de force & de précifion. On ne peut pas même dire que les modernes aient donné un tour nouveau à ces opinions ; car ils n'ont fait que raifonner fur les mêmes principes, & employer les mêmes comparaifons apportées par les anciens pour les foutenir.

Opinion de Démocrite fur les qualités fenfibles.

36. Démocrite eft le premier qui ait dépouillé les corps des qualités fenfibles, quoiqu'il ne foit pas le premier auteur (*a*) de la philofophie des corpufcules, fur laquelle cette diftinction eft fondée. Ce grand homme, n'admettant pour tous principes que les atômes & le vuide, différoit de

_____

(*a*) ,, Leucippe l'avoit précédé en cela, & (fuivant Poffidonius & Strabon) Mofchus Phénicien, ,, qui vivoit avant la guerre de Troyes, avoit jetté ,, les premiers fondemens de cette philofophie. ,,

SENSIBLES. 49

tous ceux qui l'avoient précédé dans cette opinion, en ce qu'il disoit que les atômes étoient destitués de toutes qualités ; en quoi il a été suivi par Epicure. Il dérivoit ces qualités du différent ordre & de la différente disposition des atômes entr'eux, ainsi que de leur différente figure, qu'il disoit être la cause de tous les changemens qui arrivent dans la nature; les uns étoient ronds, les autres angulaires, d'autres droits, pointus, crochus, &c. ,, Ainsi ces pre-
,, miers élémens des choses n'ayant en eux
,, ni blancheur, ni noirceur naturelle, ni
,, douceur, ni amertume, ni chaleur, ni
,, froid, ni aucune autre qualité, il s'en-
,, suivoit que la couleur, par exemple,
,, étoit dans l'opinion (a), ou dans la per-

(a) *Vide mentem Democriti in Aristotele, Metaphys. l.* 1, *c.* 4, *in Laertio, l.* 9, *Sect.* 45. *in Sexto Empirico L.* 2, *Sect.* 214. Δημόκριτος τὰς ποιότητας ἐκβαλών· ἵνα φησὶ νόμῳ ψυχρὸν, νόμῳ θερμόν, ἐτεῇ δὲ ἄτομα καὶ κενόν. Democritus qualitates ejecit; dicit enim : *dispositione* calidum, & frigidum; verè, & realiter verò, atomi, & vacuum ; νόμῳ, opinione, ex atomorum dispositione, ortâ, dulce est, &

I. Partie.   D

» ception que nous en avons, ainsi que l'a-
» mertume & la douceur, lesquelles exi-
» stent dans notre opinion, suivant la ma-
» niere différente dont nous sommes affec-
» tés (*a*) par les corps qui nous environnent:
» rien n'étant de sa nature jaune, ou blanc,
» ou rouge; doux ou amer ". Il alloit plus
loin, il indiquoit quelle espèce d'atômes
devoit produire telles ou telles sensations;
les atômes ronds, par exemple, donnoient
le goût de la douceur; les atômes pointus

---

amarum; opinione frigidum, & calidum; opinione calor; ἐτῇ verè autem ἄτομα, & inane. Quæ autem existimantur (νομίζεται) & reputantur sensilia, ea non sunt reverà κατὰ ἀλήθειαν. Sola autem sunt atoma, & inane. Νόμον autem eleganter dicit, non tantùm, quòd reales esse qualitates plerique putent, & opinione sibi entia vera fingant, sed quòd atomi quoque ita disponantur (νενεσθαι), ut indè hujusmodi opinio exsurgat. *Clariss. Brucker, Hist. Critic. Philos. tom.* 1, *p.* 1191 *& seq.*

(*a*) Ἔιγε οἱ μὲν μηδὲν φασὶν εἶναι αὐτὴν, παρὰ τὸ πῶς ἔχον σῶμα, καθάπερ ὁ Δικαίαρχος. Siquidem nonnulli putant eam (animam) nihil esse aliud, quàm aliquomodò affectum corpus, sicut Dicæarchus. *Sextus Empiricus ad Mathem. Lib.* 7, *Sect.* 349.

SENSIBLES. 51

& crochus un goût piquant; les corps qui étoient composés de parties angulaires & plus grossieres, s'introduisant difficilement dans les pores, produisoient la sensation désagréable de l'amertume & de l'aigreur, &c. en quoi les Newtoniens l'ont imité en voulant donner l'explication de la nature différente des corps (a).

37. Sextus Empiricus exposant la doctrine de Démocrite, dit » que les qualités » sensibles (b), selon ce philosophe, n'a-

<small>Sextus Empiricus sur Démocrite.</small>

(a) *Voyez ci-après Sect.* 43.

(b) Δημόκριτος δὲ, ὅτι μὲν ἀναιρεῖ τὰ φαινόμενα ταῖς αἰσθήσεσι, καὶ τούτων λέγει μηδὲν φαίνεσθαι κατὰ ἀλήθειαν, ἀλλὰ μόνον κατὰ δόξαν· ἀληθὲς δὲ ἐν τοῖς οὖσιν ὑπάρχειν, τὸ ἄτομα εἶναι καὶ κενόν. Νόμῳ γὰρ, φησὶ, γλυκὺ, καὶ νόμῳ πικρὸν, νόμῳ θερμὸν, νόμῳ ψυχρὸν, νόμῳ χροιή· ἐτεῇ δὲ ἄτομα, καὶ κενόν. ἅπερ νομίζεται μὲν εἶναι, καὶ δοξάζεται τὰ αἰσθητὰ, οὐκ ἔστι δὲ κατὰ ἀλήθειαν ταῦτα, ἀλλὰ τὰ ἄτομα μόνον, καὶ τὸ κενόν. Ἐν δὲ τοῖς κρατυντηρίοις, καίπερ ὑποκείμενος ταῖς αἰσθήσεσι τὸ κράτος τῆς πίστεως ἀναθεῖναι, οὐδὲν ἧττον εὑρίσκεται τούτων καταδικάζων. Φησὶ γὰρ, ἡμεῖς δὲ τῷ μὲν ἐόντι, οὐδὲν ἀτρεκὲς συνίεμεν, μεταπῖπτον δὲ κατὰ τε σώματος διαθήκην, καὶ τῶν ἐπεισιόντων, καὶ τῶν ἀντιστηριζόντων. καὶ πάλιν, φησὶ, ἐτεῇ μὲν νῦν ὅτι οἷον ἕκαστόν ἐστιν, ἢ οὐκ ἔστιν, οὐ συνίεμεν, πολλαχῇ δεδήλωται.

D ij

« voient de réalité que dans l'opinion de ceux
» qui en étoient différemment affectés ; que
» c'étoit dans cette affection que consistoit le
» doux & l'amer, le chaud & le froid ; &
» qu'ainsi nous ne nous trompions pas en di-
» sant que nous ressentions telles impressions,
» mais que nous ne pouvions en rien conclure
» sur la disposition des objets extérieurs.

38. Protagoras, disciple de Démocrite,

Democritus autem *ea quidem tollit, quæ apparent sensibus, & ex iis dicit nihil verè apparere, sed solùm ex opinione :* verum autem esse in iis, quæ sunt : esse autem atomos, & inane. *Lege enim est, inquit, dulce, & lege amarum : lege calidum, & lege frigidum : lege color : verè autem atoma, & inane.* Quæ itaque esse existimantur, & reputantur sensilia, ea non sunt reverà. Sola autem sunt atoma & inane. In confirmatoriis itidem, quàmvis sit pollicitus, se sensibus vim, fidemque attributurum, nihilominùs invenitur eos condemnare. *Nos autem, inquit, re ipsâ quidem nihil veri intelligimus, sed quod nobis se objicit ex affectione corporis,* & eorum, quæ ingrediuntur, & ex adverso obsistunt. Et rursùs : quod verè quidem nos quale sit, vel non sit unumquodque, neutiquàm intelligimus, multis modis est declaratum. *Sextus Empiricus p. 399.*

disoit : que *l'homme* (a) *étoit la seule règle de toutes les choses qui sont; que toute leur existence étoit dans l'impression seule qu'elles faisoient sur les hommes, de façon que ce qui n'étoit point apperçu n'avoit aucune existence* (b). Ainsi il porta plus loin encore que Démocrite les conséquences de son système ; car admettant, avec son maître, les changemens perpétuels dans les corps, qui faisoient que les choses n'étoient pas long-temps les mêmes ; il en conclut, que *tout ce que nous voyons, que nous entendons, ou que*

Protagoras a devancé Berkeley dans l'opinion de la non-existence des corps.

___

(a) Καὶ ὁ Πρωταγόρας δὲ βούλεται πάντων χρημάτων εἶναι μέτρον τὸν ἄνθρωπον· τῶν μὲν ὄντων, ὡς ἔστιν τῶν δὲ οὐκ ὄντων, ὡς οὐκ ἔστι· μέτρον μὲν λέγων τὸ κριτήριον. Protagoras quoque vult omnium χρημάτων mensuram esse hominem : entium, ut sunt : non entium ut non sunt : mensuram quidem appellans criterium. *Idem Pyrrhon. Hypotypos*, Lib. 1, Sect. 216.

(b) Γίνεται τοίνυν, κατ' αὐτὸν, τῶν ὄντων κριτήριον ὁ ἄνθρωπος· πάντα γὰρ τὰ φαινόμενα τοῖς ἀνθρώποις, κ̀ ἔστι. τὰ δὲ μηδενὶ τῶν ἀνθρώπων φαινόμενα, οὐδέ ἐστι. Est ergò, secundùm ipsum, homo criterium rerum, quæ sunt. *Omnia enim, quæ apparent hominibus, etiam sunt : quæ autem nulli hominum apparent, ne sunt quidem. Idem ibid.* Sect. 219.

nous touchons, n'étoit ainsi que dans notre maniere de l'appercevoir, & que la seule règle véritable [*criterium*] des choses étoit dans la perception que l'homme en avoit. Je laisse à juger au lecteur si cette maniere de s'expliquer de Protagoras ne peut pas avoir donné à Berkeley l'idée du système qu'il a si subtilement défendu de nos jours, & dans lequel il soutient qu'il n'*existe, des objets extérieurs, que les qualités sensibles apperçues par notre esprit*, & que conséquemment tout existe dans notre esprit; qu'il ne sçauroit y avoir d'autre *substratum*, ou soutien de ces qualités, que les esprits dans lesquels elles existent, non par maniere de mode ou de propriété, *mais comme une chose apperçue dans celui qui l'apperçoit.* Cette opinion, qui a paru si étrange, & si inouie à tout le monde, est cependant clairement contenue dans les passages que je viens de citer, & dans ceux que j'indiquerai ci-dessous (a).

―――――――――――

(a) *Plato in Theætheto*, p. 152. & *seq. Confer. Cratyl....Aristotel. Metaphysic. lib.* 3, c. 6. *lib.* 10.

39. Je reviens à Descartes & à Malle-branche, & je rapporterai ici les sentimens d'Aristippe, disciple de Socrate sur le sujet en question. Il semble entendre parler ces deux philosophes modernes, lorsqu'on écoute Aristippe recommander à l'homme, « d'être en garde sur le rapport de ses sens ; » lui disant, qu'ils ne l'informent pas tou- » jours de la vérité ; que nous n'apperce- » vons pas les objets extérieurs tels qu'ils » sont, mais seulement la maniere diffé- » rente dont ils nous affectent ; que nous ne » sçavons pas de quelle couleur ou de quelle » odeur sont tels corps, mais seulement de » quelle maniere nous en sommes affectés ; » que nous ne pouvons pas comprendre les » objets eux-mêmes, mais que nous jugeons » seulement des impressions qu'ils font en » nous : ainsi c'est le jugement que nous pro- » nonçons sur la nature des objets extérieurs, » qui est la cause de nos erreurs ; c'est pour-

Aristippe a parlé sur les qualités sensibles, comme Descartes & Malle-branche ont fait apres lui.

---

cap. 6.... *Ciceron. Academicarum Quæstionum l. 4, Sect.* 256, *p.* 36... *Eusebii Præpar. lib.* 14, *c.* 20... *Hermias, irrisio Gentil. Sect.* 9.

» quoi, si nous appercevons une tour (a),
» qui paroisse ronde, ou une rame qui pa-

(a) Εἰ γὰρ εἰδώλου ϖροσπίπτοντος μὲν περιφερῶς, ἑτέρου ᾖ κεκλασμένου, τὴν μὲν αἴσθησιν ἀληθῶς τυποῦσθαι λέγοντες, ϖροσαποφαίνεσθαι ᾖ οὐκ ἐῶντες ὅτι στρογγύλος ὁ πύργος ἐστὶν, ἢ ᾖ κώπη κέκλασται· τὰ πάθη τὰ αὑτῶν φαντάσματα βεβαιοῦσι. τὰ δ᾽ ἐκτὸς ὅπως ἔχει, ὁμολογεῖν οὐκ ἐθέλουσιν· ἀλλ᾽ ὡς ἐκείνοις ἰσπεῖσθαι, καὶ τὸ τοιχοῦσθαι λεκτέον, οὐχ ἵππον, οὐδὲ τοῖχον, οὕτως ἄρα τὸ στρογγυλοῦσθαι, καὶ τὸ σκαλμοῦσθαι τὴν ὄψιν, οὐ σκαλμὸν, οὐδὲ στρογγύλον ἀνάγκη τὸν πύργον λέγειν. τὸ γὰρ εἴδωλον ὑφ᾽ οὗ πέπονθεν ἡ ὄψις, κεκλασμένον ἐστὶν. ἡ κώπη δὲ, ἀφ᾽ ἧς τὸ εἴδωλον, οὐκ ἔτι κεκλασμένη.

Quippè, imagine nobis oblatâ rotundâ, aut fractâ, dicunt Epicurei sensum verè informari, non sinunt tamen dicere nos, turrim esse rotundam, aut remum infractum reverà: equidem affectionum visa confirmant; externa ita habere, ut visa nobis sunt, non fatentur. Sed ut Cyrenaici *equari se*, & *parietari* dicunt, de equo, & pariete nihil affirmant: sic etiam dicendum est *rotundari*, aut *obliquari* visum Epicureis, *non interim necesse turrim esse rotundam, aut remum fractum ipsum* dicere. Quippè simulacrum, quod visum adficit, fractum est; remus à quo id fertur, nequaquàm. *Plutarc. adv. Colotem, to.* 2, *p.* 1121 A.B.C.

Οὐ λέγουσι τὸ ἐκτὸς εἶναι θερμὸν, ἀλλὰ τὸ ἐν αὐτῇ πάθος γέγονε τοιοῦτον. ἆρ᾽ οὐ ταυτὶ ἐστὶ τῷ λεγομένῳ ϖρὶ τῆς

SENSIBLES. 57

» roisse brisée dans l'eau, nous pouvons
» bien dire que nos sens nous font ce rap-

γεύσεως, ὅτι τὸ ἐκτὸς ᾧ φασιν εἶναι γλυκὺ, πάθος ᾖ τι,
καὶ κίνημα περὶ αὐτὴν γεγονέναι τοιοῦτον; ὁ ᾖ λέγων ἀν-
θρωπεειδῆ φαντασίαν λαμβάνειν, εἰ δὲ ἄνθρωπός ἐστι μὴ
αἰσθάνεσθαι, πόθεν εἴληφε τὰς ἀφορμάς; οὐ παρὰ τῶν λε-
γόντων καμπυλοειδῆ φαντασίαν λαμβάνειν, εἰ δὲ καμπύλον
ἐστὶ, μὴ ἀποφαίνεσθαι τὴν ὄψιν, μηδ' ὅτι στρογγύλον,
ἀλλά τι φάντασμα περὶ αὐτὴν, καὶ τύπωμα στρογγυλοειδὲς
γέγονε; νὴ Δία, φήσει τις. ἀλλ' ἐγὼ τῇ πύργῳ προσελθὼν,
καὶ τῆς κώπης ἐψάμενος, ἀποφανοῦμαι, τὴν μὲν δ' εὐθεῖαν
εἶναι, τὸ δὲ πολύγωνον. ἐκεῖνος δὲ, κᾂν ἐγγὺς ἀφίκηται,
τὸ δοκεῖν, καὶ τὸ φαίνεσθαι, πλέον δὲ οὐδὲν ὁμολογήσει.

Cyrenaïci id, quod extrà est, non dicunt esse
calidum, sed *in ipso sensu* aiunt calidam extitisse
affectionem : nonne idem est cum eo, quod de gu-
statu dicitur, quandò rem externam non affirmant
esse dulcem, gustatum autem dulcedine affectum
fuisse fatentur ? Et qui dicit imaginem se hominis
percepisse, an externum illud homo sit se non sen-
tire : unde ansam nactus est ? nonne hi præbuerunt,
qui dicunt curvum, aut teres sibi visum esse obla-
tum; sensum autem non hoc etiam pronunciare,
rem, conspecta quæ fuit, esse curvam, aut teretem,
sed effigiem quamdam ejus talem extitisse ? Atqui,
dixerit meherculè aliquis, aggressus ego ad turrim,
aut remum tangens, pronunciabo hunc rectum,
illam multangulam esse : ille etiam, si proximè ad-

» port ; mais nous ne devons pas dire que
» la tour, que nous voyons dans l'éloigne-
» ment, soit ronde ; ou que la rame, que
» nous voyons dans l'eau, soit brisée ;
» mais avec Aristippe & la secte Cyré-
» naïque, il faut dire que nous éprouvons
» la modification causée dans notre ame
» par la rondeur de la tour, & par le *bri-*
» *sement* de la rame ; mais il n'est ni néces-
» saire ni possible pour cela que la tour
» soit ronde, ou la rame brisée, puisqu'en
» effet une tour quarrée nous paroît sou-
» vent ronde, à quelque distance, & un
» bâton droit nous paroît toujours brisé
» dans l'eau «.

Suite du sentiment d'Aristippe.

40. Aristippe disoit encore » qu'il n'y
» avoit rien dans les hommes qui pût juger
» de la vérité des choses ; mais qu'ils im-
» posoient des noms communs à leur juge-
» ment : car tous parlent de la blancheur &
» de la douceur, mais ils n'ont rien de
» commun à quoi ils puissent rapporter

---

stet, videri sibi ita, & apparere duntaxat, nihil ampliùs fatebitur. *Idem ibid.*

SENSIBLES. 59

» avec certitude les impressions de douceur
» & de blancheur. Chacun juge de ses pro-
» pres affections; & personne ne peut dire
» que la sensation (*a*) qu'il éprouve, quand

(*a*) Ἔνθεν ἐδὲ κριτήριον φασὶν εἶναι κοινὸν ἀνθρώπων, ὀνόματα δὲ κοινὰ τίθεσθαι τοῖς κρίμασι. Λευκὸν μὲν γάρ τι, καὶ γλυκὺ καλοῦσι κοινῶς πάντες· κοινὸν δέ τι λευκὸν, ἢ γλυκὺ ἐκ ἔχουσιν. Ἕκαςος γὰρ τῇ ἰδία πάθες ἀντιλαμβάνεται. Τὸ δὲ εἰ τοῦτο τὸ πάθος ἀπὸ λευκῆ ἐγγίνεται αὐτῷ, καὶ τῷ πέλας, μὴ ἀναδεχόμενος τὸ ἐκείνε. μηδενὸς δὲ κοινῦ πάθες περὶ ἡμᾶς γινομένε, προπετές ἐςι τὸ λέγειν, ὅτι τὸ ἐμοὶ τοῖον φαινόμενον, τοῖον καὶ τῷ παρεςῶτι φαίνεται. Τάχα γὰρ ἐγὼ μὲν ὕτω συγκέκριμαι, ὡς λευκαίνεσθαι ὑπὸ τῦ ἔξωθεν προσπίπτοντος, ἕτερος δὲ ὕτω κατεσκευασμένην ἔχει τὴν αἴσθησιν, ὥςε ἑτέρως διατεθῆναι· ὀ πάντως ἦν κοινόν ἐςι τε φαινόμενον ἡμῖν. Καὶ ὅτι τῷ ὄντι παρὰ τὰς διαφόρες τῆς αἰσθήσεως κατασκευὰς, ἐκ ὠσαύτως κινύμεθα, πρόδηλον ἐπί τε τῶν ἰκτεριώντων, καὶ ὀφθαλμιώντων, καὶ τῶν κατὰ φύσιν διακειμένων· Ὡς γὰ ἀπὸ τῦ αὐτῦ, οἱ μὲν ὠχραντικῶς, οἱ δὲ φοινικτικῶς, οἱ δὲ λευκαντικῶς πάσχουσι, ὕτως εἰκός ἐςι καὶ τὸς κατὰ φύσιν διακειμένες, παρὰ τὴν διάφορον τῶν αἰσθήσεων κατασκευὴν, μὴ ὡσαύτως ἀπὸ τῶν αὐτῶν κινεῖσθαι· ἀλλ' ἑτέρως μὲν τὸν λευκὸν, ἑτέρως δὲ τὸν χαροπὸν, μὴ ὡσαύτως δὲ τὸν μελανόφθαλμον. ὥςε κοινὰ μὲν ἡμᾶς ὀνόματα τιθέναι τοῖς πράγμασι, πάθη δέ γε ἔχειν ἴδια.

Undè *nec criterium dari* omnibus *hominibus commune* affirmant Cyrenaici, *poni autem nomina*

» il voit un objet blanc, est la même que
» celle qu'éprouve son voisin, en regardant

---

communia judiciis. Nam album quidem, & dulce vocant omnes communiter : commune autem aliquid album, aut dulce non habent. *Unusquisque enim apprehendit propriam affectionem. An autem eodem modo* ipse *& proximus ex albo afficiatur, neque ipse potest dicere,* ut qui proximi non percipiat affectionem : neque proximus ut qui affectionem illius non percipit. Cum autem nulla sit in nobis communis affectio, *temerarium est dicere id, quod mihi tale videtur, tale etiam videri vicino.* Nam fortasse quidem ego ita sum compositus, ut album mihi videatur hoc, quod extrinsecùs mihi se offert. Alter autem sic constitutum habet sensum, ut aliter afficiatur. Non est ergò omninò commune id, quod nobis apparet. Quod autem reverà *propter diversas sensûs constitutiones,* non similiter, & eodem modo afficimur, movemurque ; *perspicuum est in iis, qui regio morbo,* vel ophthalmiâ *laborant, & in iis, qui affecti sunt secundùm naturam.* Quomodò enim ex eâdem re alii quidem ita afficiuntur, ac si luridum, alii rubrum, alii ac si album intuerentur, ita etiam credibile est eos, qui secundùm naturam sunt affecti, *propter diversam sensuum constitutionem ab iisdem rebus non moveri similiter :* sed aliter quidem eum, qui glaucis, aliter, qui cæruleis, aliter denique eum, qui nigris est oculis. Quò fit,

» le même objet ; & puisqu'il n'y a point
» d'affections qui nous soient communes
» à tous, c'est une témérité à nous de dire,
» que ce qui me paroît de telle maniere,
» paroît de même à celui qui est près de
» moi ; car je puis être constitué de façon
» que tels objets, qui s'offrent à mes yeux,
» me paroissent blancs, pendant qu'ils pa-
» roîtront jaunes à un homme qui sera con-
» stitué d'une autre façon ; ce qui est ma-
» nifeste dans ceux qui ont la jaunisse, ou
» les pâles couleurs, ou qui sont constitués
» par leur nature de quelqu'autre maniere,
» & qui, par la raison de la différente con-
» stitution de leurs sens, ne peuvent pas
» recevoir les mêmes impressions. Ainsi
» celui qui a les yeux plus gros, verra les
» objets d'une grandeur différente de celui
» qui les a plus petits ; celui qui a les yeux
» bleus, les verra d'une autre couleur que
» celui qui les a gris ; d'où vient que nous
» donnons des noms communs aux choses,

---

ut rebus quidem communia nomina imponamus, proprias autem habeamus affectiones. *Sextus Empiricus*, adv. *Math.* L. 7, Sect. 195, p. 410.

62 DES QUALITÉS

» parce que nous en jugeons par nos pro-
» pres affections.

Platon aussi distingué entre les qualités sensibles & les objets qui les causent.

41. Platon aussi a clairement distingué, d'après Protagoras, entre les qualités sensibles, & les objets extérieurs qui les occasionnent; il observe que le même vent (a) paroît froid à l'un & chaud à un autre, doux à celui-ci, & violent à celui-là; & qu'il *n'en faut pas conclure que le vent en lui-même soit froid ou chaud en même temps, mais dire avec Protagoras que c'est celui qui sent le chaud qui est chaud, &c.*

Straton avoit aussi la même pensée.

42. Straton, célébre Péripatéticien, regardoit les sensations comme des modifi-

___

(a) Ἆρ᾽ ἐκ πίοτε πνέοντος ἀνέμου τὰ αὐτᾶ, ὁ μὲν ἡμῶν ῥιγοῖ, ὁ δὲ ἔ, καὶ ὁ μὲν ἠρέμα, ὁ δὲ σφόδρα; πότερον οὖν τότε αὐτὸ ἐφ᾽ ἑαυτοῦ τὸ πνεῦμα, ψυχρὸν, ἢ ἔ ψυχρὸν φήσομεν; ἢ πεισόμεθα τῷ Πρωταγόρᾳ, ὅτι τῷ μὲν ῥιγοῦντι, ψυχρὸν, τῷ δὲ μὴ, ἔ.

Nonne *eodem aliquando vento flante* nostrûm quidem *alius friget, alius non;* ille quidem leniter, ille vehementer? Utrum igitur statuerimus ventum in se ipso tunc frigidum, an non frigidum? an potiùs Protagoræ credemus, *ei quidem, qui friget, frigidum, qui non, nec item?* Plato in Theætheto, tom. 1, p. 152, A. 153, 154, 156, 157.

cations de l'ame, *en laquelle elles avoiént toute leur exiftence; & non dans les parties affectées* (a) : ou bien, felon d'autres auteurs, il faifoit les fens, les miniftres de l'ame (b), par le moyen defquels elle exerçoit fes facultés.

(a) Στράτων καὶ τὰ πάθη τῆς ψυχῆς, κὶ τὰς αἰθήσεις ἐν τῷ ἡγεμονικῷ, οὐκ ἐν τοῖς πεπονθόσι τόποις συνίςασθαι. ἐν γὃ ταύτῃ κινεῖσθαι τὴν ὑπομονὴν, ὥσπερ ἐπὶ τῶν δεινῶν, καὶ ἀλγεινῶν, καὶ ὥσπερ ἐπὶ ἀνδρείων, καὶ δειλῶν.

Strato tum paffiones animæ, tum fenfus etiam, *in principe folùm parte, non in affectis locis, confiftere* ait. Siquidem in ipsâ, tolerantia reperitur : ut in gravibus, ac dolorificis rebus, ut in fortibus etiam, ac timidis viris obfervatur. *Plutarch. de Placitis Philofoph. Lib.* 4, *c.* 23. *Cic. Edit. Elzev.* p. 1057. *col.* 1, *lin.* 14 *& feq.*

(b) Καὶ οἱ μὲν διαφέρειν αὐτὴν τῶν αἰσθήσεων, ὡς οἱ πλείως, οἱ δ' αὐτὴν εἶναι τὰς αἰσθήσεις, καθάπερ διά τινων ὀπῶν, τῶν αἰσθητηρίων προκύπτουσαν. ἧς τάσεως ἦρξε Στράτων τε ὁ φυσικός, κὶ Αἰνησίδημος.

Et alii quidem eam differre à fenfibus, ut plures : alii autem eam effe fenfus, & per fenfuum inftrumenta tanquàm per quædam foramina profpicere, & fe exercere. Cujus fectæ auctor fuit Strato Phyficus, & Ænefidemus. *Sextus Empiricus adv. Mathem. Lib.* 7, *Sect.* 350.

Exposition de l'opinion d'Epicure.

43. Je passe à Épicure, dont Lucrèce nous a transmis la philosophie en si beaux vers; & dont Plutarque, & sur-tout Diogene de Laërce, ont exposé la doctrine avec tant d'exactitude. Ce philosophe admettant les principes de Démocrite, en tiroit aussi les conséquences toutes naturelles (a) : » que les atômes sont tous de la

---

(b) Verùm, opinor, ita est : *sunt quædam corpora,*
    quorum
Concursus, motus, ordo, positura, figura
Efficiunt ignes ; mutatoque ordine mutant
Naturam ; neque sunt igni similata, neque ullæ
Præterea rei, quæ corpora mittere possit
Sensibus, & nostros adjectu tangere tactus.
    Tit. Lucretii Cari Lib. 1, *verf.* 685, *p.* 57.
Præterea, quoniam nequeunt sine luce colores
Esse, neque in luce existunt primordia rerum,
Scire licet, quàm sint nullo velata colore.
Qualis enim cæcis poterit color esse tenebris,
Lumine qui mutatur in ipso, proptereà quòd
Rectâ, aut obliquâ percussus luce refulget ?
Pluma columbarum quo pacto in sole videtur.
    Lib. 2, *v.* 794.
Sed ne fortè putes solo spoliata colore
Corpora prima manere : etiam secreta teporis
Sunt, ac frigoris omninò, calidique vaporis :
Et sonitu sterilia.......
        » même

» même nature, & qu'ils ne different qu'en
» figure, en grandeur, en pefanteur, &
» dans toutes les chofes qui ont du rapport
» avec ces premieres propriétés, comme la
» rondeur, la groffeur, &c. : car la couleur,
» *dit-il*, le froid, la chaleur, & les autres
» qualités fenfibles ne font pas inhérentes
» dans les atômes : mais le réfultat de leur
» affemblage & de leur différence vient de
» la différence de leur grandeur, de leur
» figure & de leur arrangement ; de façon
» que tel nombre d'atômes dans tel ordre
» donne une fenfation, & dans tel autre
» nombre & telle combinaifon différente,
» ils donnent une autre fenfation ; mais
» leur nature premiere refte toujours la
» même, à caufe qu'étant folides & fimples
» il n'émane rien d'eux (*a*) : autrement la
» nature n'auroit point de fondemens fta-
» bles & certains ; & c'eft de cette perma-
» nence conftante des propriétés effentiel-
» les aux atômes ou à la matiere, que naif-
» fent les différentes fenfations, que les

___

(*a*) *Nec jaciunt ullum proprio de corpore odorem.*
Idem Lib. 2, *v.* 845.

Partie I.   E

66 Des Qualités

» mêmes objets produisent dans les ani-
» maux de différentes espèces, & dans les
» hommes d'une constitution différente :
» car chacun a dans les organes de sa vue,
» de son ouie & de ses autres sens, une mul-
» titude innombrable de pores de diffé-
» rente grandeur, & dans une différente
» situation, lesquels ont une proportion &
» une aptitude particuliere à recevoir les
» petits corpuscules (a), lesquels s'intro-
» duisent aisément dans quelques-uns, &
» difficilement dans les autres, suivant leur
» analogie avec ces pores, & cette diffé-
» rente contexture des parties, dans les-
» quelles ils doivent produire par consé-
» quent différentes impressions «.

Conformité du raisonnement de Descartes & de Mallebranche avec celui des Epicuriens.

44. Ainsi les sens ne nous trompent point, parce qu'ils ne jugent point de la nature des choses, mais ils nous sont don-

---

(a) Ergò ubi *quod suave est aliis, aliis fit amarum,*
Illis, queis suave est, lævissima corpora debent
Contrectabiliter caulas intrare palati :
At contrà, quibus est eadem res intùs acerba,
Aspera nimirùm penetrant, hamataque fauces.
     Id. Lib. 4, v. 662.

nés pour nous instruire des rapports qu'ont les corps qui nous environnent avec le nôtre propre, & pour le bien-être de notre vie; *d'où l'on voit que les sensations sont toujours vraies (a), mais que ce sont les jugemens que nous portons sur leurs objets, qui sont quelquefois faux*; & cela suivant que nous ajoutons ou retranchons des objets, causes extérieures de nos sensations. » Que » si quelques-uns se croient trompés (*b*) » par la différence des phénomènes qui ont » leur origine dans le même objet ; comme » par exemple, parce qu'un corps, vu de

---

(*a*) Γίνονται ὖν πᾶσαι αἱ φαντασίαι ἀληθεῖς, ᾗ κατὰ λόγον. Est ergò omnis phantasia vera, nec ratione destituitur hæc sententia. *Sextus Empiric. adv. Mathem. L.* 7, *Sect.* 203, 204 & *seq. p.* 412, 413, 414.

(*b*) Ἐξαπατᾷ δὲ ἐνίους ἡ διαφορὰ τῶν ἀπὸ τοῦ αὐτοῦ αἰσθητοῦ, οἷον ὁρατοῦ, δοκουσῶν προσπίπτειν φαντασιῶν, καθ᾽ ἣν ἢ ἀλλοιόχρουν, ἢ ἀλλοιόσχημον, ἢ ἄλλώς πως ἐξηλλαγμένον φαίνεται τὸ ὑποκείμενον. Nonnullos autem decipit diversitas visorum, sive phantasiarum, quæ videntur offerri ab eodem sensili, verbi gratiâ ab aspectabili, ita ut videatur subjectum alterius coloris, aut alterius figuræ, aut aliquo alio modo mutatum. *Idem ibid.*

E ij

» près, leur paroîtra d'une telle couleur ;
» & que, vu de loin, il leur repréfentera
» une autre couleur ; ils fe jettent eux-mê-
» mes dans l'erreur, en ce qu'ils jugent
» que de ces deux phénomènes l'un eft
» vrai, & l'autre eft illufoire : car alors ils
» forment un faux jugement, ne confidé-
» rant pas affez la nature des chofes ; & ils
» devroient au contraire conclure que la
» couleur qu'ils apperçoivent dans l'objet
» vu de près, eft une; & celle qu'ils apper-
» çoivent dans le même objet vu de loin,
» eft une autre couleur ; toutes deux chan-
» gées par la diftance différente, dans la-
» quelle elles font vues, & produifant deux
» fenfations qui ne font pas la même,
» mais qui n'en repréfentent pas moins ce
» qu'elles font véritablement ; d'où vient
» aufli que ce n'eft pas le fon même (a) qui

(a) Οὐ γὰρ ὅλον ὁρᾶται τὸ στερέμνιον, ἵνα ἐπὶ τῶν ὁρατῶν ποιώμεθα τὸν λόγον, ἀλλὰ τὸ χρῶμα τοῦ στερεμνίου. Τοῦ δὲ χρώματος, τὸ μέν ἐστιν ἐπ᾽ αὐτοῦ τοῦ στερεμνίου, καθάπερ ἐπὶ τῶν συνεγγὺς, κ᾽ ἐκ τῆς μετρίας διαστήματος, βλεπομένων· τὸ δ᾽ ἐκτὸς τοῦ στερεμνίου, κἂν τοῖς ἐφεξῆς τόποις ὑποκείμενον, κᾀ θάπερ ἐπὶ τῶν ἐκ μακροῦ διαστήματος θεωρουμένων· τοῦτο δ᾽

» est dans l'airain frappé, ou la voix même
» de celui qui chante, lesquels sont enten-

ἐν τῷ μεταξὺ ἐξαπλωτόμενον, καὶ ἰδίαν ἀναδεχόμενον
σχῆμα, τοιαύτην ἀναδίδωσι φαντασίαν, ὁποῖον καὶ αὐτὸ
κατ' ἀλήθειαν ὑπόκειται· ὥσπερ ἂν τρόπον ὅτι ἡ ἐν τῷ κρουο-
μένῳ χαλκώματι φωνὴ ἐξακούεται, ὅτι ἡ ἐν τῷ στόματι τοῦ
κεκραγότος, ἀλλ' ἡ προσπίπτουσα τῇ ἡμετέρᾳ αἰσθήσει, καὶ
ὡς οὐδεὶς φησὶ τὸν ἐξ ἀποστήματος μικρᾶς ἀκούοντα φωνῆς,
ψευδῶς ἀκούειν, ἐπείπερ συνεγγὺς ἐλθὼν ὡς μείζονος ταύτης
ἀντιλαμβάνεται· οὕτως οὐκ ἂν εἴποιμι ψεύδεσθαι τὴν ὄψιν,
ὅτι ἐκ μακροῦ μὲν διαστήματος μικρὸν ὁρᾷ τὸν πύργον, καὶ
στρογγύλον. ἐκ δὲ τοῦ σύνεγγυς, μείζονα καὶ τετράγωνον.

Non enim totum perspicitur solidum, ut exem-
pli causâ verba faciamus de aspectabilibus, sed
color solidi. Color autem alius est in ipso solido,
atque adeò in iis, quæ ex propinquo cernuntur, &
ex mediocri intervallo. Alius extra solidum, & in
locis ulterioribus se offerens, sicut in iis, quæ ex
longo cernuntur intervallo ; hic nempè interce-
dente distantiâ mutatus, & propriam suscipiens
figuram, tale reddit visum, quale ipsum quoque
reverà oculis subjicitur. *Quomodò ergò neque vox
exauditur, quæ est in ære, quod pulsatur : neque quæ
in ore ejus, qui est vociferatus, sed quæ in nostrum
sensum incurrit : & quomodò nemo dicit eum, qui
parvam ex intervallo audit vocem, falsò audire,
quoniam quùm propè venerit, eam percipit tanquàm
majorem : ita nec visum falli dixerim, quòd ex*

» dus, mais seulement le son de l'un ou de
» l'autre agissant sur l'oreille; car la même
» chose ne peut pas être en deux lieux dif-
» férens à la fois; & comme un homme ne
» dit pas qu'il entend faux, parce qu'un
» son qui ne le frappera que foiblement à
» une grande distance, le frappera plus for-
» tement s'il s'approche de l'endroit d'où
» part ce son; de même nous ne pouvons
» pas dire que notre vue nous fasse illusion,
» parce que de loin nous aurons vu une
» tour petite & ronde, laquelle, en nous
» en approchant, nous paroîtra ensuite
» grande & quarrée; car la représentation
» plus ou moins grande de l'objet naît de
» la différence plus ou moins grande de
» l'angle formé dans notre œil, lequel est
» occasionné par la différence de la distance
» dans laquelle nous voyons l'objet. En un
» mot, le propre des sens est de représen-
» ter les objets tels qu'ils nous frappent,
» & non pas de juger de ce qu'ils sont;

---

longo intervallo parvam videat turrim, & rotun-
dam; ex propinquo autem majorem & quadratam.
Idem ibid.

» c'est pourquoi nos sensations sont tou-
» jours vraies, & l'erreur est seulement
» dans nos jugemens (a).

45. Je me suis étendu davantage sur ce sujet, parce qu'il est plus propre que tout autre à prouver la vérité de ma proposition; *Que les modernes se sont souvent enrichis des dépouilles des anciens, sans leur en faire honneur comme ils le devoient.* On a beaucoup loué avec raison Descartes & Mallebranche d'avoir traité cette matiere avec tant de pénétration & de sagacité. Mais il me semble qu'ils n'ont guére dit rien de

Conséquence tirée de ce qui a été dit jusqu'ici.

───────────────

(a) Αἰσθήσεως ἢ ἴδιον ὑπῆρχε τῷ παρόντος μόνον, καὶ τοιουτος αὐτὴν ἀναλαμβάνεσθαι, οἷον χρώματος· ἐπὶ δὲ τὸ διακρίνειν, ὅτι ἄλλο μὲν ἐστι τὸ ἐνθάδε, ἄλλο δὲ τὸ ἐνθάδε ὑποκείμενον· διόπερ αἱ μὲν φαντασίαι διὰ ταῦτα πᾶσαί εἰσιν ἀληθεῖς. ἀλλ' αἱ δόξαι ἔχουσί τινα διαφοράς. τούτων γὰρ αἱ μὲν εἰσιν ἀληθεῖς, αἱ δὲ ψευδεῖς.

Proprium autem sensûs est, id solum apprehendere, quod est præsens, & quod ipsum movet, verbi causâ colorem: non autem discernere quòd aliud est quod hîc, aliud verò, quod hîc oculis subjicitur. *Quamobrem phantasiæ quidem propterea sunt omnes veræ; sed opiniones habent aliquam differentiam.* Idem ibid.

E iv

plus que ce qui en avoit été dit avant eux par les anciens philosophes dont je viens de rapporter les propres termes ; & je ne puis mieux terminer cette premiere partie que par les réflexions suivantes d'un habile homme de nos jours sur le même sujet (b).

Sentiment de M. Freret.

46. » N'ayant plus aujourd'hui les ou-
» vrages de ces anciens philosophes, nous
» ignorons quelle méthode ils avoient sui-
» vie dans l'arrangement & dans la liaison
» de leurs idées ; leurs systêmes sont pour
» nous comme des statues antiques, dont
» il ne reste que des fragmens, & dont
» nous ne pouvons former un tout, sans
» restituer les parties qui nous manquent.
» Nous devons, je crois, la même justice
» aux anciens philosophes, qu'aux anciens
» sculpteurs : il faut juger des parties que
» nous avons perdues, par celles que nous
» voyons encore ; penser qu'elles répon-

_____

(a) *Réflexions sur les anciens & les modernes ; par M. Freret, tom. 18, p. 113 des Mémoires de l'Académie des Inscriptions, &c.*

» doient les unes aux autres, & que leur
» assemblage formoit un tout qui n'étoit
» pas monstrueux.

» Si les modernes ont quelque avantage
» réel sur les anciens, c'est d'être venus
» après eux & de marcher dans des routes
» déja frayées ; c'est de pouvoir s'instruire
» non-seulement par leurs découvertes,
» mais encore par leurs méprises. Ceux des
» modernes, qui dédaignent si fort la con-
» noissance de l'antiquité, se privent eux-
» mêmes de cet avantage ; leurs vues bor-
» nées ne s'étendent point au-delà de la
» génération présente ; tout est nouveau
» pour eux, & ce qu'ils voient pour la
» premiere fois, ils croient être les pre-
» miers qui l'aient découvert ».

Fin de la premiere Partie.

SECONDE PARTIE,

CONTENANT

Les Systêmes de LEIBNITZ, *de* BUFFON, NEEDHAM; *& les vérités concernant la Physique générale & l'Astronomie.*

SECONDE PARTIE.

CHAPITRE PREMIER.

Systême de LEIBNITZ.

47. APRÈS avoir examiné les connoif-
fances des anciens dans la logique & la
métaphysique, nous passerons à considérer
avec la même impartialité les vérités qu'ils
ont connues dans la physique générale &
particuliere, dans l'astronomie, les mathématiques, la méchanique & les autres
sciences.

48. Quoiqu'il paroisse y avoir un trajet
considérable à faire pour passer de la méta-
physique à la physique, on apperçoit cependant dans le système de M. de Leibnitz
une idée bien propre à former la transition
la plus naturelle de cette science à l'autre,
& à donner en même temps une preuve

bien frappante du sentiment que je cherche à établir ici.

Son système examiné ailleurs plus amplement.

49. L'occasion que j'ai eue d'examiner avec attention ce système, me mettra dans la nécessité de répéter ce que j'en ai dit ailleurs (*a*); mais la chose est inévitable: il est difficile de présenter la même vérité sous deux faces différentes; & il est tout-à-fait inutile, quelquefois même dangereux de le faire. Ainsi, tranquille à cet égard, j'entre en matiere, en exposant brièvement le sentiment de M. de Leibnitz.

Raison de l'étendue dans les êtres simples.

50. Fondés sur le principe de la raison suffisante, employée long-temps auparavant par Archimede, les Leibnitiens cherchent la raison pourquoi les corps sont étendus en longueur, largeur & profondeur, & soutiennent que pour trouver l'origine de cette étendue, il en faut venir à quelque chose de non-étendu, & qui n'ait point de parties, à des êtres simples

___

(*a*) Dans la Préface du second volume des *Œuvres de Leibnitz*, qui est actuellement sous presse, chez les freres de Tournes, à Genève.

enfin ; de forte que les êtres étendus n'exifteront que parce qu'il y aura des êtres fimples. Et après avoir établi la néceffité de ces êtres fimples, ils cherchent à faire comprendre de cette manière comment l'idée de l'étendue peut en réfulter.

51. Si nous penfons, difent-ils, à deux êtres fimples, comme exiftans enfemble, quoique diftincts l'un de l'autre, nous les plaçons dans notre efprit, l'un hors de l'autre, & les concevons ainfi comme quelque chofe d'étendu & de compofé ; car l'étendue n'eft autre chofe qu'une multiplication continuée, que nous concevons comme étendue : ou bien, on peut concevoir les êtres fimples comme ayant des rapports entr'eux, quant à leur état interne ; rapports qui conftituent un certain ordre dans lequel ils exiftent ; & cet ordre de chofes coexiftantes & liées enfemble, fans que nous puiffions fçavoir diftinctement comment elles font liées, nous occafionne l'idée confufe, d'où naît le phénomène de l'étendue (a). Cela paroît affez conféquent,

Comment les êtres fimples peuvent donner l'idée de l'étendue.

(a) » Ainfi, dit Madame du Châtelet (*Inftitu-*

& n'en est cependant pas plus compréhensible; mais en convenant de cette vérité, on est forcé d'admirer la beauté du génie de celui qui a semblé passer les limites de l'entendement humain ; & qui, le flambeau à la main, a marché à pas hardis & sûrs dans les sentiers obscurs de la métaphysique. Et il n'est pas mal-à-propos de remarquer ici qu'une des principales causes de la gloire de Leibnitz a été son attachement pour les anciens, qu'il a toujours pris pour ses guides, & reconnus pour ses maîtres.

Ce système a été fondé par les anciens.

52. Les fondemens de son système avoient été en effet posés depuis long-temps par Pythagore (b) & ses disciples; & on en

---

tions Physiques, p. 149.) « si nous pouvions voir » tout ce qui compose l'étendue, cette apparence » d'étendue qui tombe sous nos sens, disparoîtroit, » & notre ame n'appercevroit que des êtres simples, » existans les uns hors des autres ; de même que si » nous distinguions toutes les petites portions de » matiere différemment muës *qui composent un por-* » *trait*, ce portrait, qui n'est qu'un phénomène, » disparoîtroit pour nous.

(b) Voyez *Eamund. Dickinson Physica vet. & vera*. Lond. 1702, c. 4, Sect. 9, p. 32.

trouve

trouve aussi des traces dans Straton de Lampsaque, qui succéda à Théophraste dans le Lycée (*a*), dans les opinions de Démocrite (*b*), dans Platon & son école, & dans Sextus Empiricus (*c*). Ce dernier a même fourni des argumens entiers à Leibnitz pour établir *la nécessité de chercher la raison des composés dans des êtres qui ne le fussent pas* (*d*), comme on le fera voir un

---

(*a*) Voyez *Ciceron. de Nat. Deor. lib.* 1, c. 13.

(*b*) *Bayle*, Dict. Hist. art. DÉMOCRITE, note P. & art. ÉPICURE, note F. Voyez aussi *S. Augustin*, *Epist.* 56.

(*c*) *Sextus Empiricus*, Pyrrhon. Hypotypos. *l.* 3, *c.* 18, *p.* 164 : & adversùs Physicos, *lib.* 10, *c.* 4, *p.* 674 & 675, &c. Ed. 7. Leipsich 1718.

(*d*) « Le révérend pere Gerdil, précepteur de » son Altesse Royale le prince de Piémont a écrit en » Italien un livre rempli de jugement & d'érudition, » intitulé : *Introduzione allo studio della religione*, » Turin, 1755, in 4. dans lequel il traite sçavam- » ment, p. 272 & suiv. de l'accord qui se trouve » entre le système de Leibnitz & celui de Pytha- » gore ».

Voyez aussi *Buddei Compendium Historiæ Philosophiæ cum notis Walchii. Halæ*, 1731, *in-* 8. pages 198, 199, 284, 285, 496, 497.

Part. I.   F

peu plus bas; Stobée cite un passage de Moderatus Gaditanus, Pythagoricien, lequel parlant des nombres de Pythagore, dit: *Les nombres sont, pour ainsi dire, un assemblage de monades, une progression de la multitude, qui part de la monade, & y trouve sa derniere raison, en remontant à sa source* (*a*).

53. Et plus loin le même auteur ajoûte: (*b*) *Pythagore s'est appliqué avec soin à la science des nombres, auxquels il rapportoit*

Bruckeri Histor. critica Philos. tom. I, *p.* 1049, 1050, 1086, &c.

(*a*) Ἔστι δὲ ἀριθμός, ὡς τύπῳ εἰπεῖν, σύστημα μονάδων, ἢ προποδισμὸς πλήθους, ἀπὸ μονάδος ἀρχόμενος, καὶ ἀναποδισμὸς εἰς μονάδα καταλήγων. Est autem numerus, ut ita dicam, monadum congeries, vel progressus multitudinis à monade incipiens, & regressio in eamdem desinens. *Stobæus Eclog. Physic. lib.* 1, *c.* 2, *p.* 3.

(*b*) Πυθαγόρας πλείστῃ σπουδῇ περὶ τοὺς ἀριθμοὺς ἐχρήσατο, τάς τε τῶν ζώων γενέσεις ἀνῆγεν εἰς ἀριθμοὺς, καὶ τῶν ἀστέρων τὰς περιόδους. Pythagoras magno studio circa numeros versatus est, ad quos & animalium ortus, & siderum circuitus retulit. *Stobæus Eclog. Physic. lib.* 1, *c.* 2, *p.* 3.

la génération des animaux; & Hermias, exposant la doctrine des Pythagoriciens, dit (*a*) que selon eux *la monade, ou l'être simple, étoit l'origine & le principe de toutes choses.*

54. Mais la conformité entre le système de Pythagore & celui de notre auteur ne paroît nulle autre part si clairement que dans le passage suivant de Sextus Empiricus (*b*) : » Les Pythagoriciens, dit-il, en-

<small>Argument des Pythagoriciens dans Sextus Empiricus.</small>

(*a*) Ἀρχὴ τῶν πάντων ἡ μονάς, ἐκ δὲ τῶν σχημάτων αὐτῆς, καὶ ἐκ τῶν ἀριθμῶν, τὰ στοιχεῖα γίνεται. *Monas initium omnium, è cujus figuris, & numeris elementa fiunt. Hermias Irris. Philos. Gentil. Sect.* 16.

(*b*) Οὗτοι δέ εἰσιν οἱ περὶ τὸν Σάμιον Πυθαγόραν. ἐοικέναι γὰρ λέγουσι τοὺς Φιλοσοφοῦντας γνησίως, τοῖς περὶ λόγον πονουμένοις. ὡς γὰρ οὗτοι πρῶτον τὰς λέξεις ἐξετάζουσιν· ἐκ λέξεων γὰρ ὁ λόγος, καὶ ἐπεὶ ἐκ συλλαβῶν αἱ λέξεις, πρῶτον σκέπτονται τὰς συλλαβάς· ἐκ γὰρ συλλαβῶν τὰ στοιχεῖα τῆς ἐγγραμμάτου φωνῆς ἀναλυομένων, περὶ ἐκείνων πρῶτον διερευνῶσιν· οὕτω δή φασιν οἱ περὶ Πυθαγόραν, τοὺς ὄντως φυσικοὺς, τὰ περὶ τὰ παντὸς ἐρευνῶντας, ἐν πρώτοις ἐξετάζειν, εἰς τίνα τὸ πᾶν λαμβάνει τὴν ἀνάλυσιν. τὸ μὲν οὖν φαινόμενον, εἶναι λέγειν τὴν τῶν ὅλων ἀρχὴν, ἀφυσικόν πως ἐστι. Πᾶν γὰρ τὸ φαινόμενον, ἐξ ἀφανῶν ὀφείλει συνίστασθαι· τὸ δ' ἐκ τινῶν συνεστὼς, οὐκ ἔστιν ἀρχὴ, ἀλλὰ τὸ ἐκείνο αὐτὸ συστατικόν. Ὅθεν καὶ τὰ φαινόμενα, οὐ ῥητέον ἀρχὰς εἶναι τῶν

» feignent que ceux qui s'adonnent à l'é-
» tude de la philosophie imitent ceux qui

ὅλων, ἀλλὰ τὰ συςατικὰ τῶν φαινομένων, ἅπερ ἐκέτι ἦν φαινόμενα. Τοίνυν ἀδήλες, ἢ ἀφανεῖς ὑπέθετο τὰς τῶν ὅλων ἀρχάς. Καὶ ἐ κοινὰς. Οἱ γὰρ ἀτόμες εἰπόντες, ἢ ὁμοιομερείας,
ἢ ὄγκες, ἢ κοινὰς νοηθὰ σώματα πάντων τῶν ὄντων ἄρχειν,
πῇ μὲν κατάρθωσαν, πῇ δὲ διέπεσον· ᾗ μὲν γὰρ ἀδήλες
νομίζεσιν εἶναι τὰς ἀρχὰς, δεόντως ἀναςρέφονται. ᾗ δὲ σω-
ματικὰς ὑποτίθενται ταύτας, διαπίπλεσιν. ὡς γὰρ τῶν
αἰσθητῶν σωμάτων προηγεῖται τὰ νοηθὰ, κὴ ἄδηλα σώ-
ματα· ὅτω κὴ τῶν νοηθῶν σωμάτων ἄρχειν δεῖ τὰ ἀσώματα,
κὴ καθὰ λόγον. Ὡς γὰρ τὰ τῆς λέξεως ςοιχεῖα ἐκ εἰσι λέξεις,
ὅτω κὴ τὰ τῶν σωμάτων ςοιχεῖα ἐκ ἔςι σώματα. Ἤτοι δὲ
σώματα ὀφείλει τυγχάνειν, ἢ ἀσώματα. Διὸ πάντως ἐςιν
ἀσώματα.

Dicunt enim eos, qui verè, & sincerè philoso-
phantur, esse similes iis, qui laborant in contexendâ
oratione. Quomodò enim hi primùm dictiones exa-
minant ; ex dictionibus enim constat oratio : &
quoniam ex syllabis dictiones, primùm conside-
rant syllabas : cùmque syllabæ resolvantur ex lite-
ris, sive elementis vocis literatæ, de illis primùm
scrutantur ; ita dicunt Pythagorei, oportere veros
physicos de universitate scrutantes, in primis exa-
minare in quænam resolvatur universitas. Atqui
quod apparet quidem, dicere esse principium universorum, est quodammodò non physicum. *Quidquid enim apparet, constare debet ex iis, quæ non*

» composent un discours ; ceux-ci consi-
» dèrent premierement les phrases qui
» composent ce discours, ensuite les mots
» qui composent ces phrases ; & comme

---

apparent. Quod autem ex aliquibus constat, non est principium, sed id, quod illud ipsum constituit. Undè etiam ea, quæ apparent, non sunt dicenda rerum universarum principia, sed ea, quæ sunt constituentia apparentium, neutiquàm ipsa apparentia. Obscura ergò, & non apparentia posuerunt eorum, quæ sunt, principia. Neque hoc communi omnes ratione. Qui enim dixerunt atomos, vel similares partes, aut moleculas, aut communiter corpora, quæ cadunt sub intelligentiam, esse rerum omnium principia, aliquâ quidem ex parte se rectè gesserunt, aliquâ verò lapsi sunt. Nam quatenùs quidem obscura, & non apparentia dixerunt esse principia, rectè in eo versantur: quatenùs autem ea ponunt corporea, labuntur. Quomodò enim à corporibus, quæ percipiuntur intelligentiâ, & non sunt evidentia, præceduntur corpora sensilia; *ita oportet ab incorporeis præcedi etiam corpora, quæ percipiuntur intelligentiâ*, & meritò. Quomodò enim elementa dictionis non sunt dictiones; *ita etiam elementa corporum non sunt corpora.* Aut verò oportet ea esse corpora, aut incorporea. *Quamobrem sunt omninò incorporea.* Sextus Empiricus, loco citato, p. 674, 675.

» les mots sont composés de syllabes, ils
» examinent aussi les syllabes, jusqu'à ce
» qu'ils arrivent enfin à l'examen des let-
» tres dont ces syllabes sont composées,
» & qui sont comme les premiers élémens
» du discours ; de même les Pythagoriciens
» disent, que les vrais physiciens doivent
» s'appliquer à la recherche des premiers
» élémens qui composent cet univers. Or
» il seroit indigne d'un physicien sage de
» dire que ce qui tombe sous les sens,
» puisse être le principe de toutes choses ;
» car ce qui tombe sous les sens doit trou-
» ver son origine dans quelque chose qui
» ne tombe pas sous les sens, ce qui con-
» siste de quelque chose ne pouvant pas
» être lui-même un principe, mais bien ce
» qui constitue la chose. Ceux qui ont
» avancé que les atômes, les parties simi-
» laires, les molécules, ou ces corps qui
» ne sont que du ressort de l'intelligence,
» étoient les premiers élémens de toutes
» choses, ont dit vrai dans un sens, & se
» sont trompés dans un autre ; ils ont dit
» vrai, en ce qu'ils ont reconnu pour prin-

» cipe quelque chose qui ne tombe pas
» sous les sens, mais ils se trompent en ce
» qu'ils ont cru ces principes corporels ;
» car comme les corps, qui ne tombent
» point sous les sens, précèdent les corps
» sensibles, ils sont aussi précédés de quel-
» que chose qui n'est pas de leur nature ;
» & de même que les élémens d'un dis-
» cours ne sont pas un discours, ainsi les
» élémens des corps ne sont pas des corps.
» Et s'il est nécessaire qu'ils doivent être
» corporels, ou incorporels, il s'ensuivra
» donc qu'ils seront incorporels «.

55. Et continuant le même argument, *Suite du même argu-*
il conclut ainsi : » ou les principes (*a*), qui *ment.*

(*a*) Ἤτοι ἂν σώματά ἐστι τὰ συστατικὰ αὐτῶν, ἢ ἀσώματα. καὶ σώματα μὲν οὐκ ἂν εἴησαν, ἐπεὶ δεήσει κἀκεί-
νων σώματα λέγειν εἶναι συστατικά. καὶ οὕτως εἰς ἄπειρον
προβαινούσης τῆς ἐπινοίας, ἄναρχον γίνεσθαι τὸ πᾶν. Λεί-
πεται ἄρα λέγειν, ἐξ ἀσωμάτων εἶναι τὴν σύστασιν τῶν νοητῶν
σωμάτων, ὅπερ κ Ἐπίκουρος ὡμολόγησε, φύσεως κατὰ
ἀθροισμὸν σχημάτός τε, καὶ μεγέθους, καὶ ἀντιτυπίας,
καὶ βάρους, τὸ σῶμα νενοῆσθαι. Ἀλλ' ὅτι ἀσωμάτους εἶναι
δεῖ τὰς ἀρχὰς τῶν λόγῳ θεωρητῶν σωμάτων, ἐκ τῶν εἰρη-
μένων συμφανές.

» constituent toutes choses, sont corporels,
» ou bien ils sont incorporels; mais on ne
» peut pas dire qu'ils soient corporels, parce
» qu'autrement il faudroit remonter à d'au-
» tres corps, d'où ils tirassent leur origine, &
» continuant ainsi à l'infini, rester toujours
» sans principe. Il n'y a donc point d'autre
» moyen de résoudre la question qu'en di-
» sant que les corps sont composés de prin-
» cipes qui ne sont pas des corps, & qui
» ne peuvent être compris que par l'esprit «;
ce qu'Epicure a reconnu, lorsqu'il a dit
que par les idées de la figure, de la gran-

―――――――――

Aut ergò sunt corpora, quæ ea constituunt, aut incorporea. Et corpora quidem non dixerimus, quoniam oportebit dicere, etiam illa consistere è corporibus : & ita in infinitum procedente cogitatione, esse universitatem principii expertem. Restat ergò, ut dicatur, *ex incorporeis constitui corpora, quæ percipiuntur intelligentiá :* quod etiam confessus est Epicurus dicens *per congeriem figuræ, & magnitudinis, & resistentiæ, & gravitatis, intelligentia percipi corpus.* Atque quòd incorporea quidem oporteat esse principia corporum intelligibilium, ex his est perspicuum. *Idem, ibid.*

deur, de la résistance, & de la pesanteur, nous acquérions l'idée du corps.

56. Scipio Aquilianus, traitant de l'opinion d'Alcmæon, Pythagoricien, sur les principes des choses, la réduit à ce syllogisme (a) : « ce qui précède les corps dans » l'ordre de la nature est le principe des » corps ; les nombres sont dans ce cas : » donc les nombres sont les principes des » corps : on démontre ainsi la seconde pro- » position de ce système. De deux choses » la premiere est celle qui peut se conce- » voir sans l'autre, quand l'autre au con- » traire ne peut être conçue sans elle : or

Syllogisme d'Alcmæon sur la nature des corps.

―――――――――

(a) *Scipio Aquilianus de Placitis Philosophorum ante Aristotelem, cap. 20, pag. 118. Editio clarissimi Bruckeri, Lipsia, 1756.* » Ce livre étoit très-rare » avant que M. Brucker eût travaillé à en donner » une nouvelle édition, qui commence à être dif- » ficile à trouver, ayant été enlevée par les cu- » rieux presque sur le champ. Scipio Aquilianus » en avoit fait un ouvrage fort curieux ; mais il » s'étoit trompé souvent, & paroissoit n'avoir pas » assez entendu quelques-uns des anciens. M. Bruc- » ker, par ses judicieuses & sçavantes notes, l'a » rendu un livre de la plus grande utilité.

» les nombres peuvent être conçus indé-
» pendamment des corps, mais les corps
» ne peuvent être conçus sans les nombres ;
» donc les nombres sont antérieurs aux
» corps dans l'ordre de la nature ». Ce qui
exprime assez clairement le sentiment de
Pythagore, qui étoit : qu'avant l'existence
des corps on devoit concevoir des êtres
qui n'étoient pas des corps, qu'il disoit
être les nombres, auxquels il accordoit à-
peu-près les mêmes propriétés (*a*) que Leibnitz donne aux êtres simples ou monades.
Marsile Ficin attribue à Platon la même
idée, & donne ainsi la substance de l'opinion de ce philosophe :

Sentiment de Platon sur le même sujet.

57. » Les genres de tous les composés
» se réduisent à quelque chose, qui (*b*) dans

_____

(*a*) *Voy. le Livre du P. Gerdil à l'endroit cité ci-devant, & aux pages suivantes.*

(*b*) *Genera compositarum rerum omnium reducuntur ad aliquid, quod in eo genere non est compositum, ut dimensiones ad signum, quod ex dimensionibus non componitur ; numeri ad unitatem, quæ non fit ex numeris, & elementa ad id, quod ex elementis non miscetur. Marsilius Ficinus in Platonis Timæum, p. 397, t. 2. Ed. Paris. 1641, 2 vol. in-fol.*

» son genre n'est pas composé, comme les
» dimensions au signe, lequel n'est pas
» composé de dimensions; les nombres se
» réduisent à l'unité qui n'est pas composée
» de nombres, & les élémens enfin trou-
» vent leur derniere raison dans quelque
» chose qui n'admet point de mélange des
» élémens. » Le passage de Platon, sur lequel Ficin fonde son argument, me paroît
être celui que je vais rapporter en note (*a*),
& qui en effet a beaucoup d'analogie avec
la maniere de raisonner de M. de Leibnitz.

58. Mais cet auteur lui-même n'a pas *Expliqué par Marsile Ficin.*

(*a*) Τῶν ὄντων ᾧ νοῦν μόνῳ κτάσθαι προσήκει, λεκτέον ψυχήν. τοῦτο δὲ ἀόρατον· πῦρ δὲ, καὶ ὕδωρ, καὶ ἀήρ, καὶ γῆ, σώματα πάντα ὁρατὰ γέγονε· τὸν δὲ ἐπιστήμης ἐραστὴν ἀνάγκη τὰς τῆς ἔμφρονος φύσεως αἰτίας πρώτας μεταδιώκειν. Rerum omnium, quæ existunt, cui intelligendi vim inesse statuendum sit, animus dicendus est; at inconspicabilis ille est; ignis autem, & aqua, & aër, & terra, corpora omnia sunt conspicabilia. Verùm *necesse est, ut is, qui scientiæ, intelligentiæque studiosus est, sapientis, sagacisque naturæ causas primas persequatur,* &c. Platonis Timæus in oper. Platon. Edit. Henr. Steph. 3 vol. fol. pag. 46. D. E. vers. Serrani. Vid. ibid. p. 47. B. C. D.

expliqué plus clairement & plus briévement son système que Marsile Ficin (a) le fait en ce peu de mots : *les composés se réduisent en êtres simples, & la multitude des êtres simples se réduit dans les plus simples des êtres :* on voit ici les composés de Leibnitz réduits en êtres simples, qui trouvent la raison ou la source de leur existence en Dieu.

Opinion de Plotin, & passages d'Héraclite, d'Epicure, &c.

59. Plotin lui-même a posé, en plusieurs endroits (b) de ses *Ennéades*, les principes de cette opinion, & son habile commentateur, en suivant ses traces, ne manque jamais de revenir à ce sens dans toutes les occasions que lui donne le texte de son auteur, qui s'énonce dans un endroit en ces termes (c) : » Il doit y avoir pour principe

---

(a) *Composita in simplicia resolvuntur, simplicia multa in unum simplicissimum. Marsilius Ficinus in Plotinum*, Enn. 5, l. 5, c. 10, p. 718, tom. 2.

(b) *Ennead.* 2. *lib.* 4, *cap.* 1 & 6. Brucker. to. 2. *Hist. Crit. Philos.* p. 419, 420.

(c) Ὅτι μὲν οὖν δεῖ τοῖς σώμασιν ὑποκείμενόν τινα ἄλλο ὂν παρ' αὐτὰ, &c. Oportet corporibus aliquid esse subjectum, quod aliud quiddam sit præter corpora. *Plotinus Ennead.* 2, l. 4, c. 5 & 6, &c. p. 162. C. *Edit. Basil.* 1580.

DE LEIBNITZ. 93

» ou *substratum* des corps quelque chose qui
» ne soit pas corps «. Ajoutez, à tous ces
passages Plutarque parlant d'Héraclite (*a*),
deux passages de Stobée citant Epicure (*b*),
Xénocrate (*c*) & Diodore, qui font très-
bien à notre sujet, & les passages de l'Ecri-
ture cités ci-dessous (*d*).

60. Avant que de quitter ce sujet, je remar-
querai encore qu'un sçavant d'Allemagne
(*e*) a essayé de démontrer que la doctrine

Tentative d'un sçavant d'Allemagne pour rapprocher Leibnitz de Parménides.

(*a*) Ἡράκλειτος ὑγμάτια τινα ἐλάχιστα, κ᾽ ἀμερῆ εἰσάγει. Heraclitus etiam ramenta quædam minima, partiumque expertia introducit. *Plutarch. de Placitis Philos. l. 1, c. 13. Idem l. 1, c. 16, de Thalete, & Pythagoreis.*

(*b*) Ἐπίκουρος ἀπερίληπτα εἶναι τὰ σώματα, κ᾽ πρῶτα δὲ ἁπλᾶ, τὰ δὲ ἐκ ἐκείνων συγκείμενα, βάρος ἔχειν. Epicurus comprehendi corpora negabat, *ac prima quidem asserebat esse simplicia, de his autem composita gravitatem habere. Stobæus Eclog. Phys. p. 33.*

(*c*) Ξενοκράτης, κ᾽ Διόδωρος ἀμερῆ ἐλάχιστα μερίζοντο. Xenocrates & Diodorus minima partibus carere dixerunt. *Stobæi Eclog. Phys. p. 33. Genevæ, 1609. fol.*

(*d*) Manus tua, quæ creavit orbem terrarum ex materiâ. *Lib. Sapient. c. 11, v. 18. Et S. Paul aux Hébr. c. 11, v. 3.*

(*e*) Godofr. *Waltherus in sepulchris Eleaticis, cap. 3, Sect. 6, pag. 17 & seq.*

des monades prenoit sa source dans la philosophie de Parménides, sur quoi M. Brucker (*a*) remarque qu'il n'a pas ré... ans son entreprise, & que la doctrine qu'il donne comme les sentimens de cet ancien philosophe, lui appartient moins qu'à Platon. Cette derniere remarque est ... juste; mais que ce soient les sentimens de Parménides ou de Platon que le sçavant Allemand ait exposés, il suffit à mon sujet qu'ils soient de l'un ou de l'autre, pour ne pas les passer sous silence, & faire voir l'analogie que leurs idées avoient avec notre célèbre moderne, lequel déclaroit lui-même dans toutes les occasions, qu'il avoit puisé plusieurs de ses idées dans Platon (*b*),

―――――

(*a*) *Historia Critica Philosophiæ*, t. 1, p. 1166.
(*b*) ” Un de mes amis m'a assuré qu'il tenoit de
” la bouche même d'un sçavant d'Italie, qu'étant
” allé à Hanovre pour satisfaire à son empresse-
” ment de connoître M. Leibnitz, il fut pendant
” trois semaines avec lui, & qu'en se séparant, ce
” grand homme lui dit: *Monsieur, vous m'avez*
” *fait la grace de me dire souvent que je sçais quel-*
” *que chose; hé bien! je veux vous faire voir les*
” *sources, où j'ai puisé tout ce que j'ai appris*: &
” là-dessus prenant l'étranger par la main, il le fit

& définissoit ses monades, de même que Platon ses idées, τὰ ὄντως ὄντα, *les êtres véritablement existans* (*a*). Voici la maniere dont l'auteur en question présente les opinions de Parménides, dans lesquelles il trouve tant d'analogie avec le système des monades.

I. L'existence diffère de l'essence des choses (*b*).

―――――――――――――

» passer dans son cabinet, où il lui montra pour
» tous livres, Platon, Aristote, Plutarque, Sextus
» Empiricus, Euclides, Archimedes, Pline, Séne-
» que & Cicéron.

(*a*) Suas enim monadas esse τὰ ὄντως ὄντα, substantias simplices, Deum, animas, & mentes, simulacra universitatis, ait *in* **Epist. Hanschii de Enthus. Platonico.**

(*b*) I. Existentia differt ab essentiâ rerum.

II. Essentia rerum existentium extra illas est.

III. Sunt quædam res similes, quædam dissimiles.

IV. Quæ similes sunt, eodem essentiæ conceptu comprehenduntur.

V. Omnes res referuntur ad certas classes, & ideas.

VI. Omnes ideæ in uno existunt, in Deo; hinc omnia unum sunt.

VII. Scientia non est notitia singularium, sed specierum.

VIII. Differt illa à rebus existentibus.

II. L'essence des choses qui existent est hors de ces choses mêmes.

III. Il y a dans la nature des êtres semblables, & d'autres dissemblables.

IV. Ceux qui sont semblables sont conçus exister tous, dans le même état d'essence.

V. Toutes les choses existantes se réduisent à certaines classes & idées déterminées.

VI. Toutes les idées ont leur existence dans l'*Un*, qui est Dieu ; d'où vient que tout est *un*.

VII. La science consiste dans la connoissance des espèces & non pas des individus.

VIII. Elle diffère des choses existantes.

IX. Les idées étant en Dieu, échappent à la connoissance des hommes.

X. D'où vient que l'homme ne conçoit rien parfaitement.

XI. Les notions de l'esprit sont comme les ombres ou les images des idées.

IX. Cùm hæ ideæ in Deo sint, ideò latent hominem.

X. Hinc homini incomprehensibilia sunt omnia.

XI. Notiones mentis idearum umbræ sunt, & imagines.

CHAP. II.

CHAPITRE II.

NATURE ANIMÉE.

Comparaison du Systême de M. DE BUFFON avec celui D'ANAXAGORE, D'EMPÉDOCLE & de quelques autres Anciens.

61. JE sens toute la délicatesse du sujet que j'entreprends de traiter : mon dessein est de faire voir que le fond de la théorie du système de M. de Buffon sur la matiere universelle, la génération & la nutrition, a tant de ressemblance avec tout ce qu'en ont enseigné Anaxagore, Empédocle, & quelques autres Anciens, qu'il est difficile, après avoir comparé les opinions de ces illustres philosophes avec celles du célèbre Moderne, de ne pas penser que ses idées ont tiré leur origine de l'étude de ces Anciens ; d'autant plus qu'il paroît que M. de Buffon les a lus avec attention, & qu'il sçait apprécier leur mérite : cependant comme il ne fait pas souvent usage de leur autorité pour appuyer ses sentimens, on pour-

Systême de M. de Buffon, comparé avec les sentimens d'Anaxagore, Empédocle, &c.

Partie I.   G

roit être porté à croire que ma conjecture n'eſt pas fondée, ou que M. de Buffon lui-même ne s'eſt pas apperçu de l'analogie *qui règne par-tout* entre ſon ſyſtème, & celui des Anciens; à quoi je n'ai autre choſe à répondre, ſinon que le lecteur lui-même pourra décider là-deſſus, lorſqu'il aura examiné la manière dont je vais expoſer la queſtion : mais en attendant, il eſt bon d'obſerver qu'on ne peut pas conclure de ce que M. de Buffon ne s'appuie pas toujours de l'autorité des Anciens, qu'il n'a pas toujours connu ce qu'ils ont penſé, & encore moins que, s'il les a étudiés, il n'aura pas entrevu la conformité de leurs ſentimens avec les ſiens ; & je fais cette obſervation avec d'autant moins de répugnance, que je ne penſe pas que ce que j'avance ici, doive ou puiſſe diminuer en aucune manière de la gloire de cet habile écrivain, qui aura toujours le mérite d'avoir ſaiſi avec la plus grande ſagacité les principes des philoſophes Grecs, & d'avoir fait revivre leurs raiſonnemens, dont les injures du temps avoient détruit la plus grande partie.

ANIMÉE.

62. Il me semble, en suivant l'idée de M. Fréret, que le restaurateur du système de quelque grand homme, dont le fond ne s'entrevoit que par quelques fragmens qui nous auront été conservés de ses écrits, peut être justement comparé à un habile sculpteur, lequel trouvant un buste rompu de Phidias, ou de tout autre fameux sculpteur de l'antiquité, pourroit, avec le secours de son génie, & de ses connoissances dans son art, juger exactement, par ce seul morceau, de tous les rapports que doivent avoir entr'eux les membres qui appartenoient à ce buste; déterminer leurs justes proportions au buste rompu, les travailler, les joindre, & en former une statue aussi parfaite, qu'il y a apparence que l'auroit été celle dont ce buste faisoit la principale partie : le mérite d'un tel artiste moderne mériteroit sans doute de grands éloges; mais la gloire de l'ancien artiste seroit toujours au-dessus de la sienne, parce que l'on doit sentir que les idées des proportions de ces membres ajoutés seroient puisées dans celles que lui auroit

Comparaison sur le mérite des Modernes & celui des Anciens.

fourni le buste rompu. Il est aisé d'appliquer cette comparaison aux philosophes modernes, dont quelques-uns des plus célèbres, bien loin de chercher à se défendre d'avoir emprunté leurs opinions des Anciens, ont été souvent les premiers à le déclarer; ce dont Descartes (*a*) & les principaux Newtoniens (*b*) nous fournissent des exemples frappans & dignes d'être imités.

<small>Exposition du système d'Anaxagore.</small>

63. Diogène de Laërce, Plutarque & Aristote nous apprennent qu'Anaxagore croyoit que les corps étoient composés de petites particules semblables ou homogènes; que ces corps admettoient cependant un mélange de petites particules hétérogènes, ou d'autre espèce; mais qu'il suffisoit, pour constituer un corps d'une

---

(*a*) Nec me primum ullarum opinionum inventorem esse jacto; sed tantùm me illas pro meis adoptasse, quòd mihi eas ratio persuasisset. Descartes, *de Methodo*, p. 47. *Edit. Amster.* 1692. *Typis Blaeu*, tom. 1.

(*b*) *Gregorii Præfat. Astron. Phys. & Geomet. Element.*

espèce particuliere, qu'il fût composé d'un plus grand nombre de petites particules semblables & constituantes de cette espèce. Les différens corps étoient différens amas de particules semblables entr'elles, quoique dissemblables, relativement aux particules d'un autre corps, ou amas de petites particules d'une espèce différente; il croyoit, par exemple (*a*), que le sang étoit formé de plusieurs gouttes ou particules, dont chacune étoit du sang; qu'un os étoit formé de plusieurs petits os, qui par leur extrême petitesse se déroboient

___

(*a*) Nunc & Anaxagoræ scrutemur Homœomeriam,
Quam Græci memorant, nec nostrâ dicere linguâ
Concedit nobis patrii sermonis egestas.
Sed tamen ipsam rem facile est exponere verbis.
Principium rerum quam dicit *Homœomeriam*;
Ossa videlicet è pauxillis, atque minutis
Visceribus viscus gigni; sanguénque creari,
Sanguinis inter se multis coëuntibu' guttis:
Ex aurique putat micis consistere posse
Aurum, & de terris terram concrescere parvis;
Ignibus ex ignem, humorem ex humoribus esse.
Cætera consimili fingit ratione, putatque.
Lucretius L. I, v. 830.

à notre vue ; & c'étoit cette similitude de parties qu'il appelloit μοιομερειας, *similaritates*. Ainsi, selon ce philosophe, il n'y avoit point de génération, ni de corruption, point de naissance, ni de mort, proprement dites ; la génération de chaque espèce n'étant que l'assemblage de plusieurs petites particules constituantes de cette espèce, & la destruction d'un corps n'étant que la désunion de plusieurs petits corps de la même espèce, qui conservant toujours une tendance naturelle à se rejoindre, reproduisent ensuite, par leur réunion avec d'autres particules similaires, d'autres corps de la même espèce. La végétation & la nutrition étoient les principaux moyens employés par la Nature pour la réproduction des êtres : ainsi les différens sucs de la terre étant composés d'un mélange de petites particules innombrables, constituant les différentes parties d'un arbre, ou d'une fleur, par exemple, prenoient, suivant les loix de la Nature, différens arrangemens ; & par le mouvement qui leur étoit imprimé, suivoient leur cours jusqu'à ce qu'é-

ANIMÉE. 103

tant arrivés aux endroits qui leur étoient propres & destinés, ils s'y arrêtoient, pour contribuer, par leur assemblage, à la formation de toutes les différentes parties de cet arbre, ou de cette fleur; de façon que plusieurs petites feuilles imperceptibles formoient les feuilles que nous appercevons; plusieurs petits fruits formoient les fruits que nous mangeons (a), & ainsi

---

(a) Τροφὴν γοῦν προσφερόμεθα ἁπλῆν, κỳ μονοειδῆ, οἷον τὸν Δημητρεῖον ἄρτον, τὸ ὕδωρ πίνοντες· κỳ ἐκ ταύτης τῆς τροφῆς τρέφεται θρίξ, φλὲψ, ἀρτηρία, νεῦρα, ὀστᾶ, κỳ τὰ λοιπὰ μόρια. Τούτων δὲ γινομένων, ὁμολογητέον ἐστὶν, ὅτι ἐν τῇ τροφῇ τῇ προσφερομένῃ πάντα ἐστὶ τὰ ὄντα, κỳ ἐκ τῶν ὄντων πάντα αὔξεται, κỳ ἐν ἐκείνῃ ἐστὶ τῆς τροφῆς μόρια, αἵματος γεννητικὰ, κỳ νεύρων, κỳ ὀστῶν, κỳ ἄλλων τῶν ἃ ἦν λόγῳ θεωρητὰ μόρια. Οὐ γὰρ δεῖ πάντα ἐπὶ τὴν αἴσθησιν ἀνάγειν, ὅτι ἄρτος, κỳ τὸ ὕδωρ ταῦτα κατασκευάζει, ἀλλ' ἐν τούτοις ἐστὶ λόγῳ θεωρητὰ μόρια. Ἀπὸ τὰ δὲ ὅμοια τὰ μέρη αὐτῷ ἐν τῇ τροφῇ τοῖς γεννωμένοις, ὁμοιομερείας αὐτὰς ἐκάλεσε, κỳ ἀρχὰς τῶν ὄντων ἀπεφήνατο· κỳ τὰς μὲν ὁμοιομερείας, ὕλην· τὸ δὲ ποιοῦν αἴτιον, τὸν νοῦν τὸν τὰ πάντα διαταξάμενον. Ἀρχέλαος δὲ οὕτως·

Ὁμοῦ πάντα χρήματα ἦν, νοῦς δὲ αὐτὰ διῇρε, κỳ διεκόσμησε.

Itaque, dicebat ille, simplicem, atque uniformem cibum sumimus, ut triticeum panem, bibentes

G iv

du reste ; il en étoit de même, suivant ce philosophe, de la nutrition des animaux : le pain que nous mangeons, & les autres alimens que nous prenons, se convertissent dans son systême, en cheveux, en veines, en artères, en nerfs & en toutes

---

aquam ; at*** ex hoc cibo capillus, vena, arteria, nervi, ossa, cateræque corporis partes nutriuntur. Quúmque hæc fiant, neque tamen ex nihilo produci possint, *fatendum est, quòd in sumpto cibo res omnes reperiuntur*, atque ex iis, quæ insunt, omnia augentur; atque proindè *in ejusmodi cibo sunt partes, sanguinis procreatrices, sive gignendo sanguini accommodatæ, nervorumque similiter, & ossium, aliorumque partes*, quæ menti conspicuæ sint. Neque enim omnia ad sensum revocare oportet, quòd nimirùm panis, & aqua ista efformet ; sed in istis potiùs partes sunt, quæ mente percipi, comprehendique possint. Ex eo quòd igitur in cibo sint partes similes illis, quæ in corpore generantur, partes illas similares vocavit, rerumque principia esse dixit. Ac similares quidem partes, materiam ; mentem verò, quæ omnia disposuit, efficientem causam esse putavit. Sic enim exorditur :

Simul res omnes erant ; mens verò ipsas diremit, atque disposuit.

Plutarch. de Placitis Philosoph. Lib. 1, c. 3.

les autres parties de notre corps, parce qu'il y a dans ces alimens les parties constituantes du sang, des nerfs, des os, des cheveux, &c., lesquelles, se réunissant les unes aux autres, se font appercevoir ensuite par leur assemblage, au lieu qu'elles se dérobent auparavant à nos sens par leur infinie petitesse.

64. Empédocle a aussi reconnu les mêmes principes sur la nutrition des animaux, qu'il disoit (*a*) se faire de la substance des alimens propres & accommodés à la nature de l'animal.

Sentiment d'Empédocle sur la nutrition.

65. Le même Empédocle enseignoit que la matiere avoit pour principe une force inhérente & vivante; un feu subtil & actif, qui mettoit tout en mouvement (*b*); & que M. de Buffon appelle au-

Autre sentiment du même philosophe sur les élémens de la matiere.

(*a*) Ἐμπεδοκλῆς τρέφεσθαι μὲν τὰ ζῶα διὰ τὴν ὑπόστασιν τοῦ οἰκείου, αὔξεσθαι δὲ διὰ τὴν παρουσίαν τοῦ θερμοῦ.

Empedocles ait animalia nutriri quidem *ex accommodati, sibique convenientis cibi substantiâ*: ex caloris autem accessu, sive præsentiâ augeri. *Plut. de Placit. Philos. L. 5, c. 27.*

(*b*) *Origenes Philosoph. c. 3.*

trement *matiere organique, toujours active*, ou *matiere organique animée*; & " cette ma-
" tiere, chez Empédocle, étoit divisée en
" quatre élémens, entre lesquels il y avoit
" une liaison qui les unissoit, & une dis-
" corde qui les divisoit ; & dont les petites
" parties s'attiroient mutuellement, ou se
" repoussoient les unes les autres (*a*) ; ce
" qui faisoit que rien ne périssoit, mais
" que tout étoit dans une perpétuelle vicis-
" situde dans la Nature : " d'où il s'ensuit
que dans le système d'Empédocle, comme
dans celui d'Anaxagore, il n'y avoit point
de vie ou de mort proprement dites, mais
que les essences des choses consistoient

(*a*) Ἄλλο δέ τοι ἐρέω. Φύσις οὐδέν ἐστιν ἁπάντων
Θνητῶν, οὐδέ τις οὐλομένου θανάτοιο τελευτή.
Ἀλλὰ μόνον μίξις τε, διάλλαξίς τε μιγέντων
Ἐστι, Φύσις δὲ βροτοῖς ὀνομάζεται ἀνθρώποισιν.

Jam quòd naturam mortales nomine dicunt,
Hoc nihil est ; neque enim mortem Natura, vel
 ortum
Humano præbet generi ; nam mixtio tantùm,
Mixtorùmque subest quædam secretio rebus ;
Idque homines vulgò Naturam dicere suerunt.
Plutarch. de Placit. Philos. L. 1, c. 30.

dans ce principe actif, d'où elles étoient émanées (*a*), & dans lequel elles se réduisoient, ou se décomposoient en dernier ressort.

66. Empédocle avoit encore sur la génération un sentiment que M. de Buffon a suivi, & qu'il a presque exprimé dans les mêmes termes, lorsqu'il dit *que les liqueurs séminales des deux sexes contiennent toutes les molécules analogues au corps de l'animal, & nécessaires à sa reproduction* (*b*).

Autre sentiment du même sur la génération.

67. Plotin, suivant l'idée d'Empédocle, a recherché quelle pouvoit être la raison de cette sympathie & de cette attraction

Opinion de Plotin sur l'assimilation des parties dans la nutrition.

(*a*) Οὐ παραπεμπόμενοι καὶ τὸν Ἐμπεδοκλέα, ὅς φυσικῶς πάνυ τῆς τῶν πάντων ἀναλήψεως μέμνηται, ὡς ἐσομένης ποτὲ εἰς τὴν τοῦ πυρὸς οὐσίαν μεταβολῆς.

Admitto etiam Empedoclem, qui admodùm naturaliter universorum meminit instaurationis, quòd scilicet aliquandò futura sit mutatio in ignis essentiam. *Clement Alexandr. stromatum*, L. 5, p. 505.

(*b*) *Empedocles quidem divulsa esse sobolis membra aiebat, ut in fœminâ alia, alia in maris semine continerentur*: Galen. de semine, Lib. 2, c. 3.

Vid. etiam Galen. histor. Philos. cap. de semine; & Plutarch. de Placit. Lib. 1, cap. 3.

dans la Nature, & il la trouve dans une *harmonie & une assimilation de parties* (a), *qui les porte à se lier ensemble, lorsqu'elles se rencontrent*, ou à se repousser, lorsqu'elles sont dissemblables ; il dit que c'est la *variété de ces assimilations qui concourt à la formation de l'animal* ; & il appelle cette liaison & cette désunion, la force magique de l'univers : & son habile interprète, Marsile Ficin, expliquant le sens de ce passage, dit *que les différentes parties de chaque*

––––––––––

(a) Τὰς ỹ γοητείας πῶς; ἢ τῇ συμπαθείᾳ, καὶ τῷ πεφυκέναι συμφωνίαν εἶναι ὁμοίων, κ̀ ἐναντίωσιν ἀνομοίων· κ̀ τῇ τ̃ δυνάμεων τῶν πολλῶν ποικιλίᾳ εἰς ἓν ζῶον συντελυτων· καὶ γδ μηδενὸς μηχανωμένε ἄλλε, πολλὰ ἕλκεται, κ̀ γοητεύεται. καὶ ἡ ἀληθινὴ μαγεία, ἡ ἐν τῷ παντὶ φιλία, καὶ τὸ νεῖκος αὖ.

Magicos verò attractus quânam ratione fieri dicemus ? Profectò *ex consensione quâdam rerum* in patiendo ; ac lege quâdam naturæ faciente, ut *inter similia quidem concordia sit*, inter dissimilia verò discordia : item virium multarum varietate in unum animal conferentium. Etenim nullo alio machinante multa ritu quodam magico attrahuntur; veraque vis magica, est amicitia in universo, rursúsque discordia. *Plotini Ennead.* 4. *L.* 4. *p.* 434.

animal (a) ont une vertu attractive en elles, au moyen de quoi elles s'approprient les portions d'alimens qui leur conviennent davantage.

68. Venons à préfent au fyftême de M. de Buffon, qui fera plus aifé à expofer, parce que je me fervirai de fes propres termes. Cet illuftre écrivain penfe, avec Anaxagore, qu'il y a dans la nature une matiere commune aux animaux & aux végétaux, qui fert à la nutrition & au développement de tout ce qui vit & qui végète; & avec Plotin, que cette matiere peut opérer la nutrition & le développement, en s'affimilant à chaque partie du corps de l'animal ou du végétal, & en pénétrant intimement la forme de ces parties, qu'il appelle le moule intérieur. Cette matiere nutritive & productive eft univerfellement répandue par-tout, & compofée de particules organiques, toujours actives, tendan-

Expofition du fyftême de M. de Buffon.

___

(*a*) Animalis quodlibet membrum *habet vim ad attrahendam portionem propriam alimenti*, venæ ad fanguinem, arteriæ ad fpiritum, tefticuli ad femen. *Marfil. Ficini in* Plotini Enn. 4, L. 4. *capitulo* 40.

tes sans cesse à l'organisation, & prenant d'elles-mêmes des formes différentes, suivant les circonstances; de sorte que, comme Anaxagore, il croit qu'il n'y a point de germes préexistans, point de germes contenus à l'infini les uns dans les autres, mais une matiere organique toujours active, toujours prête à se mouler, à *s'assimiler* &.*à produire des êtres semblables à ceux qui la reçoivent :* les espèces d'animaux ou de végétaux ne peuvent donc jamais s'épuiser d'eux-mêmes ; tant qu'il subsistera des individus, l'espèce sera toujours toute neuve : elle l'est autant aujourd'hui qu'elle l'étoit au commencement, & toutes subsisteront d'elles-mêmes, tant qu'elles ne seront pas anéanties par la volonté du Créateur. Il s'ensuit de ces principes que la génération & la corruption ne sont que la différente association ou désunion des parties semblables, lesquelles, après la décomposition d'un corps animal ou végétal, peuvent servir à reproduire un autre corps de la même espèce, pourvu, selon M. de Buffon, que ces petites parties constituantes rencontrent un lieu convenable au développement de ce qui doit en réſulter pour la génération de l'animal, ou qu'elles paſſent par le moule intérieur de l'animal ou du végétal, & s'aſſimilent aux différentes parties, en pénétrant intimement l'intérieur ; & c'eſt en cette derniere condition ſeulement que conſiſte la différence entre les opinions des Anciens que je viens de rapporter, & la théorie de M. de Buffon. Celui-ci croit que les parties ſimilaires & organiques ne deviennent ſpécifiques qu'après s'être aſſimilées aux différentes parties du corps qu'elles doivent compoſer ; au lieu qu'Anaxagore les croyoit toujours ſpécifiques, & ne penſoit pas qu'elles euſſent beſoin de pénétrer la forme des parties pour s'y aſſimiler.

69. Un autre principe de M. de Buffon eſt que, lorſque cette *matiere nutritive eſt plus abondante qu'il ne faut pour nourrir & développer le corps animal ou végétal, elle eſt renvoyée de toutes les parties du corps dans un ou pluſieurs réſervoirs, ſous la forme d'une liqueur, qui eſt la liqueur ſéminale des* {Autre principe de M. de Buffon dans Hippocrate, Pythagore & Ariſtote.}

deux sexes ; lesquelles, mêlées ensemble, contribuent à la formation du fœtus, qui devient mâle ou femelle, suivant que la semence du mâle ou de la femelle abonde le plus en molécules organiques ; & ressemble au pere ou à la mere, suivant la différente combinaison de ces deux semences. On trouve encore l'origine de cette idée dans les passages de Pythagore & d'Aristote, rapportés ci-dessous (*a*) ; & dans

---

(*a*) Φανερὸν, ὅτι τῆς αἱματικῆς ἂν εἴη περίτ]ωμα τροφῆς, τὸ σπέρμα, τῆς ἐπὶ τὰ μέρη διαδιδομένης πλειοτείας.

Constat *semen esse excrementum alimenti, quod ultimum in membra digeritur.* Aristotel. de generatione animal. *Lib.* 1, *c.* 19, *p.* 1063. E.

Δημόκριτος ἀφ' ὅλων τῶν σωμάτων καὶ τῶν κυριοτάτων μερῶν, οἷον τῶν σαρκικῶν, ὀςῶν, καὶ ἰνῶν.

Democritus ab omnibus præcipuis corporis partibus semen derivari credit, ut ossibus, carne, venis. *Gal.*

Historia philosophica *de semine.* Basil. 1538. *pars quarta*, p. 435. *lin.* 48, 49.

„ Dans le même chapitre il rapporte un sentiment
„ de Pythagore qui est précisément exprimé comme
„ celui de M. de Buffon ; qui fait provenir *la se-*
„ *mence d'une matiere nutritive surabondante* ; *semen nutrimenti partem quamdam superabundantem esse.*

Hippocrate

ANIMÉE. 113

Hippocrate cité par M. de Buffon même, *pag.* 141 du 3ᵉ. tome *in-12.* de l'*Histoire Naturelle*.

70. Ce seroit sortir de mon sujet que de vouloir parler sur le mérite de l'un ou de l'autre système ; mon but est suffisamment rempli, si j'en ai fait voir l'analogie. Il me semble que tous deux ont leur mérite, & que tous deux sont les productions de très-beaux génies ; celui d'Anaxagore a plus d'inconvéniens, & n'étoit pas appuyé sur les expériences exactes & laborieuses, qui soutiennent celui de M. de Buffon ; mais il faut avouer aussi que le philosophe grec avoit beaucoup fait d'avoir imaginé les principes qu'a suivi le philosophe moderne ; & que l'avantage, que l'un a eu d'avoir pu faire usage du microscope, ne doit pas dans un parallèle tourner au désavantage de l'autre.

Sentiment sur les deux systêmes.

―――

Et Plutarchus *de Placitis Philos.* Lib. 5, c. 3. *Pythagoras semen esse* dixit *alimenti superfluitatem*, περίσσωμα τῆς τροφῆς.

Voyez aussi un peu plus haut, p. 107, note (*b*), & Hippocrate, *Lib. 1, de Diætâ in principio*.

I. Partie. H

Je passe à l'examen d'un autre système, qui n'est pas moins délicat que celui que je quitte ici, & dont on trouve également des traces chez les anciens.

CHAPITRE III.

Nature active & animée. Systême de M. NEEDHAM.

71. APRÈS une longue suite d'expériences microscopiques, M. Needham (*a*) a remarqué qu'elles conduisoient toutes à faire voir (*b*), que les substances animales & végétales sont originairement les mêmes; qu'elles se convertissent l'une en l'autre réciproquement, par un changement fort aisé; qu'elles se décomposent

Exposition du systême de M. Needham.

───────────────

(*a*) ,, M'étant trouvé un jour avec M. Need-
,, ham, & parlant de son systême, il a saisi
,, cette occasion de s'expliquer sur quelques expres-
,, sions de son livre, auxquelles il se plaint que
,, l'on n'a pas donné l'interprétation la plus juste &
,, la plus naturelle; & il a désiré que je lui don-
,, nasse le moyen de le faire, en insérant ici les deux
,, ou trois notes suivantes.

(*b*) *Observations Microscopiques.* Paris, 1750. *in*-12. *pages* 271, 241, 242, 319, 320, 267, 269, 270, 320, 335, 377, 379, 382.

H ij

en un nombre infini de zoophytes (*a*) qui se résolvant, donnent toutes les différentes espèces d'animaux microscopiques communs, lesquels, après un certain temps, deviennent immobiles, se résolvent encore & donnent des zoophytes ou des animaux d'une espèce inférieure ; que les animalcules spermatiques ont la même propriété de se résoudre, & dans leur décomposition, de donner des animaux plus petits jusqu'à ce qu'enfin ils échappent entierement à la force des meilleures lentilles. L'auteur des observations croit qu'il

---

(*a*) „ Nommés ainsi, parce qu'ils doivent leur „ origine à des plantes microscopiques, dont ils „ sont visiblement le produit. On les partage en „ deux classes; ceux qui ont un principe de spon„ tanéité ; & les autres qui sont simplement vitaux. „ Cette vitalité est précisément la même chose que „ l'irritabilité de Haller, & dépend du même prin„ cipe, à l'exclusion de tout sentiment & de toute „ spontanéité. Ce même principe vient d'être dé„ couvert tout récemment, & observé par un Natu„ raliste de Florence dans quelques fleurs, qui sont „ les parties génératrices, & les plus exaltées des „ plantes. *Note de M. Needham.*

est probable de-là que toute substance animale ou végétale avance autant qu'elle peut dans sa résolution, pour retourner par degrés à des principes communs à tous les corps, & qui sont une espèce universelle.

72. L'Auteur insinue ensuite, que dans la décomposition les corps se subtilisent tellement que la résistance diminue toujours, & que l'activité motrice augmente proportionnellement; qu'*après avoir passé la ligne de spontanéité, le mouvement se simplifie jusqu'à devenir purement oscillatoire, avec différens degrés de vitesse, & que par conséquent la matiere doit être considérée comme passant continuellement d'un état à un autre, & constituant des élémens de plus en plus actifs.*

Suite de la même opinion.

73. Un peu après, il n'hésite plus à croire, qu'à mesure que la matiere se décompose, elle se subtilise, & que la vîtesse des corps devient plus grande à proportion que les corps sont plus petits; il avoit dit que toute combinaison physique (ou *matérielle*) pouvoit se réduire en derniere raison à des agens simples, tels que la rési-

Suite du même systême.

stance & le mouvement (*a*) ; que l'idée de l'étendue n'est que l'effet des actions simultanées ; que la résistance & l'activité motrice (*b*) sont un résultat d'actions simples ; & enfin qu'un nombre d'agens simples & inétendus peuvent concourir à nous donner l'idée d'une combinaison étendue, divisible & substantielle : il dit ensuite que les principes de la matiere sont des substances dans lesquelles l'essence, l'existence & l'action se terminent en dernieres raisons, & *qu'il y a des principes actifs dans l'univers, qui produisent de leur propre nature le mouvement* (*c*) : enfin il conclut par dire que la

---

(*a*) ″ C'est-à-dire, doués par la Divinité des prin-
″ cipes de la résistance & du mouvement. *Note de*
″ *M. Needham.*

(*b*) ″ *En concret*, telles que nous les voyons dans
″ les effets qu'elles produisent. *Du même.*

(*c*) ″ Mais toujours dépendamment de la Divi-
″ nité qui les a créés ainsi, comme il a donné à
″ l'ame des bêtes le principe du sentiment, & à
″ l'ame de l'homme la puissance de la raison. Mais
″ ce principe de pur mouvement ne renferme aucun
″ sentiment, aucune spontanéité, aucune volonté.

matiere, portée jusqu'à ses premiers principes, n'est plus une masse inactive ; *mais qu'elle devient activité résistante, mouvante ou vitale, dont chaque portion est sensible* (a) : & dans un autre endroit, il dit, que la vitalité est sensible dans chaque particule, & qu'enfin il y a *une activité positive dans la matiere*.

74. Si l'on compare à présent ce système avec la doctrine de quelques Anciens, on y découvrira aisément une conformité frappante. Pythagore & Platon (b) enseignoient, que tout étoit animé dans la Nature, & que *la matiere avoit en elle-même un principe de mouvement* & de repos, qui la

Comparaison de ce système avec les opinions de Pythagore & de Platon ;

_____

„ Il agit, quand il est dégagé de la résistance, qui
„ est comme son antagoniste ; & comme un ressort,
„ il se déploie sans cesse, & de plus en plus dé-
„ montre sa force au-dehors, à mesure que la rési-
„ stance diminue, toujours actif & toujours agis-
„ sant. *Note de M. Needham.*

(a) „ Dont chaque portion participe selon sa
„ nature. *Du même.*

(b) *Diogenes Laert. Lib.* 8. *Sect.* 25. *Plutarch. de Placitis Philos. Lib.* 2, *c.* 3.

tenoit sans cesse en action ; ce qui n'est autre chose dans le système de M. Needham que la force active combinée avec la force de résistance.

& des autres Pythagoriciens.

75 Les Pythagoriciens (*a*) croyoient que le Monde étoit animé, qu'il y avoit un principe de vitalité infus dans toute la Nature, qui s'étendoit non-seulement au règne animal (*b*), mais aussi passoit dans le règne végétal par une génération constante

---

(*a*) Ὢ ποτιμίξε δύο δυνάμεις, ἀρχὰς κινασίων. Cui (Natura scil.) duas potentias immiscuit, motuum principia. *Timæus Locrens.* tom 3... *Platonis Edit. Steph.* p. 94. D. & 95. E. 96. A.

(*b*) ,, Epicure enseignoit aussi la même doctrine ,, sur la génération, & (comme M. Needham,) ,, disoit avec Anaxagore & Euripide, que rien ,, ne meurt dans la Nature.

Οἱ περὶ Ἐπίκουρον ἐκ μεταβολῆς τῆς ἀλλήλων γεννᾶσθαι τὰ ζῶα· ὡς καὶ Ἀναξαγόρας, κὴ Εὐριπίδης· Θνῄσκει, μεταμειβόμενα ἢ ἄλλο ποτε ἄπο, μορφὰς ἔδειξεν. Epicurei animalia ex mutuâ in sese mutatione nata putarunt : quod Anaxagoras etiam, & Euripides existimavit, inquiens : Nihil moritur, sed aliud in aliud conversum formas varias ostendit. *Plutarch. de Placitis Philos.* lib. 5, cap. 19.

ET ANIMÉE. 121

& successive ; ils reconnoissoient *une force productive , principe actif dans la matiere,* qui pénétroit tout & mettoit tout en mouvement, & qui étoit l'ame du Monde, ou la force imprimée par Dieu dans la Nature (*a*).

76. Et c'est ce que M. Needham appelle les *principes actifs dans l'univers qui produi-* Principes de la Nature chez Platon.

(*a*) Ἡ φύσις ἀρχὴ κινήσεως, καὶ στάσεως : Natura principium motûs, ac quietis. *Stobæus Eclog. Phys. Lib.* 1, *p.* 29.

„ Aristote en donne la même définition, *Lib.* 2. *Physic. cap.* 1, *Sect.* 3 & 4.

Ὁ ὃ καὶ θεὸς καὶ φύσει καὶ ἀρετῇ προτέραν, ἢ πρεσ‑ βυτέραν ψυχὴν σώματος, ὡς δεσπότιν ἢ ἄρξουσαν ἀρξο‑ μένου συνεστήσατο. Deus autem & ortu, & virtute priorem antiquioremque genuit mundi animum, eumque ut Dominum, atque imperantem obedienti præfecit corpori. *Platonis Timæus, p.* 34. C.

Quemadmodum Deus suâ virtute creasset Naturam, ita & ipsa Natura, velut Dea quædam, creatum illum ordinem, atque potestati suæ relictum, efficax gubernaret. *Grævius de philosoph. veter. pag.* 569.

Plato in Theæteto, p. 152. D. 153. A. *tom.* 1.

122 NATURE ACTIVE

sent de leur propre nature le mouvement (*a*); ou la vitalité sensible dans chaque particule; *activité mouvante ou résistante*, que Platon joignoit aussi à la matiere, comme *un principe* (*b*) *actif*, qui tenoit tout au com-

---

(*a*) ,, Descartes prétend que Dieu a mis tout en ,, mouvement dans l'univers, en imprimant dans ,, le commencement une certaine quantité détermi- ,, née de mouvement qui se communique de corps ,, en corps sans souffrir de diminution : Mallebran- ,, che dit que Dieu toujours agissant, produit à ,, chaque instant la quantité de mouvement qui est ,, nécessaire : pour moi, je ne vois rien de contraire ,, à la religion en admettant des agens simples, ,, doués des deux principes de résistance & de mou- ,, vement en eux-mêmes ; comme on dit que l'ame ,, des bêtes est un agent simple, doué de la faculté ,, de sentir ; & celle de l'homme un être simple, ,, doué de la puissance de raisonner. *Note de M.* Needham.

(*b*) Ἀλλὰ κινούμενον πλημμελῶς, καὶ ἀτάκτως, εἰς τάξιν αὐτὸ ἤγαγεν ἐκ τῆς ἀταξίας, ἡγησάμενος ἐκείνο τούτου πάντως ἄμεινον.

Sed quod immoderatè, & inordinatè fluctuaret, id ex inordinato in ordinem adduxit ; ratus ordinem perturbatione omninò esse meliorem. *Platon. Timæus*, p. 30, A. tom. 3.

mencement dans un mouvement indéterminé & désordonné, & lequel, à la formation du Monde, fut réglé par Dieu, & dirigé suivant des loix constantes ; & ce grand philosophe disoit positivement que Dieu n'avoit point rendu la matiere oisive, & inactive, mais qu'il avoit seulement empêché qu'elle ne fût agitée aveuglément.

77. Si M. Needham dit que toute combinaison physique peut se réduire en dernier ressort à des agens simples, doués de résistance & de mouvement ; que l'idée de l'étendue n'est que l'effet des actions simultanées ; & qu'un nombre d'agens simples & indivisibles peuvent concourir à nous donner l'idée d'une combinaison étendue, divisible & substantielle ; Platon, long-temps auparavant, avoit clairement distingué avec les philosophes de son temps la matiere dont les corps sont composés, d'avec ces corps mêmes ; il remarquoit une différence essentielle entre la matiere productive de tous les corps, & les corps qui en étoient produits. Et *Stobée*, expliquant le sentiment de Platon, convient

Suite du sentiment de Platon ; & belle expression d'Épicure.

bien que la matiere est corporelle (*a*), mais il avertit en même temps de prendre garde à la confondre avec les corps, parce qu'elle est destituée, dit-il, des qualités essentielles aux corps, comme la figure, la pesanteur, la légèreté, &c; quoiqu'elle

---

(*a*) Ἐπειδὴ δ', ἡ μὲν φύσις, κατ' ἐπίνοιαν Πλάτωνος, ἀρχή τις ἐστι κινήσεως καὶ στάσεως, οὔτε δὴ κινεῖσθαι ἡ ὕλη κατὰ τὸν ἴδιον λόγον, ὔτε κατὰ τὸ εἶδος· ἡ μὲν γὰρ ἀντίθεος, τὸ δὲ εἶδος ἀεί, καὶ ἡ μὲν ὁ σῶμα, σωματικὴ δέ, τὸ δὲ καθάπαξ ἀσώματον· ὁ σώματα δὲ τὴν ὕλην φασὶν, οὐχ ὅτι ὁ μόνον ὑστερῆσθαι δοκεῖ τ ἀεὶ σῶμα διαστάσεων, ἀλλ' ὅτι ἐ πολλῶν ἄλλων ἀπολείπεται κατὰ τὸν ἴδιον λόγον, ἃ τοῖς σώμασιν ὑπάρχει, σχηματισμοῦ, χρώματος, βαρύτητος, κουφότητος, ὅλως πάσης ποιότητος καὶ ποσότητος.

Cùm sit autem Natura, ex mente Platonis, prinpium motûs, ac quietis, neque suâ profectò naturâ, neque secundùm formam movetur materia. Nam ut illa formâ caret, ita hæc: & ut illa non corpus est, sed corporea, *ita hæc prorsùs incorporea. Negatur autem corpus esse materia,* non tam quòd intervallis corporeis careat, quàm quòd *aliis* quoque multis *ad corpus pertinentibus per se destituatur, ut figurâ, colore, gravitate, levitate, & omni denique qualitate, & quantitate.* Stobæus, *Eclog. Physic. Lib. 1, cap. 14, p. 29.*

en ait l'essence, c'est-à-dire l'aptitude au mouvement, à la divisibilité, & à recevoir différentes formes ; & un autre grand philosophe grec a aussi dit presque dans les mêmes termes dont se sert M. Needham, que *les idées de force*, de résistance & de pesanteur concourent à nous donner l'idée des corps (*a*).

78. Pythagore, Platon & Aristote ont eu sur la génération un sentiment auquel se rapporte bien évidemment ce que M. Needham a paru avoir écrit de nouveau là-dessus. Celui-ci dit que la premiere base de la végétation, ou le germe primitif, est formé tout-à-coup & déterminé spécifiquement, & que c'est un premier point

<small>Opinion de quelques Anciens sur la génération.</small>

(*a*) Ὅθεν καὶ ἐπειδὰν λέγῃ ὁ Ἐπίκυρος, τὸ σῶμα νοεῖν κατ' ἐπισύνθεσιν μεγέθυς, καὶ σχήματος, καὶ ἀντιτυπίας κỳ βάρυς, ἐκ μὴ ὄντων σωμάτων βιάζεται τὸ ὂν σῶμα νοεῖν. Unde etiam cùm *dicit Epicurus intelligendum esse corpus ex compositione magnitudinis, & figurae, & resistentiae, & ponderis, urget ut iis, quae non sunt corpora, intelligamus id, quod est, esse corpus.* Sextus Empiricus, *adverſ. physic.* Lib. 10, Sect. 240, p. 673.

d'action, qui commence à végéter, dès que la chaleur concourt à ajouter à la force expansive ; or, n'est-ce pas ce que ces anciens philosophes vouloient faire comprendre, lorsqu'ils disoient que la force de la semence étoit incorporelle & agissoit (*a*) sur les corps aussi bien que l'esprit ? & Démocrite & Straton s'expliquoient là-dessus avec encore plus d'énergie, lorsqu'ils disoient que la force étoit *spiritueuse* & se convertissoit en corps (*b*).

<small>Spinosa, Hobbes & quelques autres ont renouvellé les opinions des Anciens.</small>

79. Je ne finirois point, si j'entreprenois d'examiner tous les systêmes des Moder-

---

(*a*) Πυθαγόρας, Πλάτων, Ἀριστοτέλης ἀσώματον μὲν εἶναι τὴν δύναμιν τοῦ σπέρματος, ὥσπερ νοῦν τὸν κινοῦντα· σωματικὴν δὲ τὴν ὕλην τὴν προχεομένην. Στράτων, ᾗ Δημόκριτος ᾗ τὴν δύναμιν σῶμα· πνευματικὴ γάρ.

Pythagoras, Plato, Aristoteles *seminis quidem vim incorpoream esse arbitrantur*, sicuti mentem, quæ corpus movet; materiem verò, quæ profundatur, corpoream. Strato, & Democritus *ipsam quoque vim corpus esse, cùm spiritualis illa sit.* Plutarch. de Placitis Philos. *Lib.* 5, *c.* 4. *p.* 126.

(*b*) Democritus & Strato vim quoque corpus esse contendunt, spiritus cùm sit. *Galeni Historia Philosophica, cap. de semine.*

nes qui ont pris leur origine dans les écrits des Anciens; il me suffit d'avoir démontré cette assertion par l'exemple des deux systêmes qui se montrent le plus avec quelque apparence de nouveauté. Il me seroit également aisé de faire voir que le spinosisme a eu sa source dans l'école Éléatique; que Xénophane & Zénon d'Elée en ont semé les premiers germes, & que les anciens Persans, partie des Indiens, & une secte des Chinois avoient enseigné depuis plusieurs siecles cette doctrine impie & contradictoire; je pourrois aussi faire voir aisément que dans la Morale & la Politique, les plus célèbres Modernes n'ont rien dit de nouveau (*a*); que celui dont les sentimens ont surpris davantage, Hobbes même, n'a rien avancé qu'il n'ait trouvé chez les philosophes grecs ou latins, & sur-tout dans la philosophie d'Epicure (*b*); mais

---

(*a*) *Vide* Brucker. *Hist. Crit. Phil. tom. 5. p.* 180.

(*b*) Spartani primam honesti partem ponentes in patriæ suæ utilitate, jus aliud nec noverant, nec dicebant, quàm undè Spartam putabant augeri

ces discussions me meneroient trop loin, & je veux me hâter d'entrer dans un autre champ, qui ne me fournira pas moins que celui que je laisse, un grand nombre de nouveaux témoignages pour appuyer le sentiment que je défends.

---

posse; undè honesta iis videri, quæ suavia sunt; justa, quæ utilia. *Plutarch. in Agesilao.* Ad finem, tom. 1, p. 617. D.

CHAP. IV.

CHAPITRE IV.

Philosophie corpusculaire, & divisibilité de la matière à l'infini.

80. On n'ignore pas que la philosophie corpusculaire, par le moyen de laquelle les physiciens de nos jours expliquent tout ce qui se passe dans la nature, a été renouvellée, d'après Epicure, par le célèbre Gassendi, & d'après Leucippe, Démocrite & Epicure, par Newton & ses disciples ; & ces deux illustres modernes ont, à l'imitation de ces anciens philosophes, cherché les raisons du changement continuel qui arrive aux corps, dans la différente figure & grandeur des petits corpuscules, dont ils disent que les uns sont petits & ronds, d'autres angulaires, crochus, plats ; les uns polis, & les autres grossiers & raboteux ; & que par leur différente jonction ou séparation, & par leurs arrangemens variés, ils constituent toutes les différences que nous observons dans les

Leucippe, Démocrite & Epicure, auteurs de la philosophie corpusculaire.

Partie I. I

corps. Il a déja été remarqué que l'on peut placer plus haut que Démocrite, l'origine de la philosophie corpusculaire, en remontant jusqu'à Moschus (a) le Phénicien, qui a le premier établi la philosophie des atômes ou des corpuscules ; car quoi qu'en dise un auteur moderne, il n'y a point de différence entre ces deux principes, & on en tire les mêmes conséquences ; avec cette différence seule, qu'il ne paroît pas que l'Ecole Phénicienne admît l'indivisibilité de ces atômes, au lieu que Leucippe, Démocrite & Epicure, au contraire, soutenoient que les atômes ne pouvoient être divisés ; parce que, quoiqu'ils pussent être conçus avoir des parties, il ne falloit pas entendre qu'elles pussent jamais être désunies : autrement, disoient-ils, il n'y auroit point de principes fermes dans la nature ; mais les atômes peuvent être conçus divisibles par l'entendement, l'extrême cohésion de leurs parties les rendant indi-

---

(a) *Sextus Empiricus*, Lib. 9, adver. Mathem. Sect. 363. *Strabo*, Lib. 16, p. 757.

CORPUSCULAIRE, &c.

visibles par l'effort de quelque puissance naturelle que ce soit.

81. Les Cartésiens, les Newtoniens, &nombre de philosophes dans tous les siécles (*a*), ont admis la divisibilité de la matiere à l'infini, & Aristote a traité ce sujet er. aussi grand métaphysicien (*b*) qu'en

Divisibilité de la matiere à l'infini.

(*a*) Οἱ ἀπὸ Θάλεω, καὶ Πυθαγόρου παθητὰ σώματα, καὶ τμητὰ εἰς ἄπειρον ἢ τὰς ἀτόμους, ἢ τὰ ἀμερῆ ἵστασθαι, κ̄ μὴ εἰς ἄπειρον εἶναι τὴν τμῆσιν. Thaletis, atque Pythagoræ sectatores corpora perpessioni obnoxia, & in infinitum quoque divisibilia dixerunt, vel atomos, sive partium expertia corpora consistere, neque divisionem in illis in infinitum abire posse. *Plutarch. de Placit. Philos. L. 1, c. 16.*

(*b*) Ἐν ᾗ τῷ συνεχεῖ ἔνεστι μὲν ἄπειρα ἡμίση, ἀλλ' οὐκ ἐντελεχείᾳ, ἀλλὰ δυνάμει. In continuo autem insunt quidem infinita dimidia, non tamen actu, sed potestate. *Aristotel. opera, to. 1. p. 424, E. 425. A. Natural. auscult. L. 8. c. 12.*

Ἀριστοτέλης δυνάμει μὲν εἰς ἄπειρον σώματα τμητὰ εἶναι, ἐντελεχείᾳ ᾗ οὐδαμῶς.

Aristoteles autem existimavit corpora potentiâ quidem in infinitum dividi posse, actu verò nequaquàm. *Plutarch. de Placit. Philos. L. 1, c. 16.*

habile mathématicien; auffi je ne veux pas parler de cette queftion comme étant nouvelle, mais feulement préfenter ici une propofition, avancée là-deffus par les Newtoniens, qui a paru nouvelle, & qu'Anaxagore avoit cependant exprimée prefque dans les mêmes termes.

Maniere de s'exprimer d'Anaxagore;

82. Les Newtoniens difent »qu'une » parcelle de matiere étant donnée auffi » petite que l'on voudra, & un efpace » quelconque borné, quelque grand qu'il » foit, étant auffi donné, il eft poffible que » cette particule divifée s'étende fur tout » cet efpace, & le couvre; en forte qu'il » n'y ait aucun pore, dont le diamétre fur-» paffe la plus petite ligne donnée », & Anaxagore avoit dit (*a*), que chaque corps, quel qu'il fût, étoit divifible à l'infini : en forte qu'un agent qui feroit affez fubtil pour divifer fuffifamment le pied d'un ciron, pourroit en tirer des parties pour couvrir entiérement cent mille

---

(*a*) *Ariftotel. Phyf. aufcult. Lib.* 3, c. 4. p. 343, *tom.* 1.

millions de cieux (a), sans qu'il pût jamais épuiser les parties qui resteroient à diviser ; vu qu'il en resteroit toujours une infinité : & Démocrite en deux mots a exprimé la même proposition, en disant qu'il *étoit possible de faire un monde avec un atôme* (b).

83. Chrysippe donnoit aussi une idée assez bien exprimée de ce sentiment (c), lorsqu'il soutenoit qu'une goutte de vin pouvoit être divisée en une assez grande

Et de Chrysippe.

(a) Fénelon, *Vie des philosophes dans Anaxagore.*

(b) Δημόκριτος φησὶ δυνατὸν εἶναι κοσμιαίας ὑπάρχειν ἄτομον. Democritus existimat fieri posse, *ut mundum perficiat atomus.* Stobæus *Eclog. Phys. L.* 1, p. 33, lin. 9, vid. Sgravesande, t. 1, p. 9.

(c) Nihil impedire quominùs *una vini stilla cum toto permisceatur mari...* & un peu plus haut : *Si gutta unica in mare inciderit, per totum miscebitur oceanum, ac Atlanticum mare : non summam attingens superficiem, sed usquequàque per profundum, in longum, latèque diffusa..... Chrysippus verò dicit esse quippiam majus, quod tamen non excedat minorem quantitatem.* Plutarch. adv. Stoicos, tom. 2, p. 1078. E. 1080. C. D.

quantité de parties, pour que chacune pût être mêlée avec toutes les petites particules d'eau qui sont dans l'océan ; & il disoit aussi, qu'*il n'y avoit point de quantité de quelque grandeur qu'elle fût, qui ne pût être égalée par la plus petite quantité donnée.*

CHAPITRE V.

Du mouvement ; de l'accélération du mouvement ; de la pesanteur ou de la chûte des corps graves.

84. LES anciens définissoient le mouvement comme les modernes, un changement de lieu (a), ou le passage d'un lieu à un autre (b) ; ils connoissoient l'accélération de la descente des corps dans leur chûte (c) : mais ils n'avoient pas sçu, à la

Définition du mouvement ; & son accélération

(a) Κίνησιν δ' εἶναί φησὶ ὁ Χρύσιππος μεταβολὴν κατὰ τόπον. Chrysippus motum dicit loci mutationem. *Stob. Eclog. Phys. l.* 1, p. 41.

(b) Ἔστιν δ' αὕτη (ἡ κίνησις) κατὰ τοὺς δογματικοὺς, καθ' ἥν τόπον ἐκ τόπου περιέρχεται τὸ κινούμενον, ἤτοι καθ' ὁλότητα, ἤ κατὰ μέρος. Est igitur hic, secundùm dogmaticos, per quem de loco in locum transit id, quod movetur, aut totum, aut ejus pars. *Sextus Empiricus in Pyrrhon. Hypotypos. l.* 3, c. 8. Sect. 64.

(c) Πᾶσα ἡ πεπερασμένη μεταβολὴ, οἷον τὸ ὑγιαζόμενον ἐκ νόσου εἰς ὑγίειαν, καὶ τὸ αὐξανόμενον ἐκ μικρότητος εἰς μέγεθος, καὶ τὸ φερόμενον ἄρχει καὶ γὰρ τοῦτο γίνεται πόθεν ποῖ. Omnis autem mutatio finita est sanè : Id enim

I iv

vérité, en déterminer les loix, quoiqu'ils ne fuſſent cependant pas loin d'en connoître la cauſe. C'étoit un axiome d'Ariſtote & des Péripatéticiens, qu'un corps acquéroit d'autant plus de mouvement qu'il s'éloignoit davantage du lieu d'où il avoit commencé de tomber (*d*); mais ils igno-

---

quod ſanatur, ex morbo it ad ſanitatem : *& id, quod accreſcit, è quantitate parvâ ad magnam accedit : & id ergo, quod fertur legem eandem ſubit :* Etenim hoc ex loco in locum eundo fit. *Ariſtotel. de cælo. l.* 1, *c.* 8, *p.* 443.

(*d*) Ἀεὶ τὸ πλεῖον πῦρ θᾶττον φέρεται, καὶ ἡ πλείων γῆ εἰς τὸν αὐτῆς τόπον, ἐδὲ θᾶττον ἂν πρὸς τῷ τέλει ἐφέρετο, εἰ τῇ βίᾳ, καὶ τῇ ἐκθλίψει. πάντα γὰρ τὰ βιασαμένε πορωτέρω γιγνόμενα βραδύτερον φέρεται. Ignis major & terra etiam major celeriùs ſemper proprium locum petit, neque porrò celeriùs prope finem pergeret, ſi vi, excluſioneque moveretur. Omnia namque quæ ita moventur, quùm longiùs ab eo, quod vim attulit, diſtant, &c. *Lib. de Cælo* 1, *c.* 8, *p.* 444. *A. tom.* 1, *& p.* 442 *ad finem.*

Celeriùs quid movetur quò magis ab eo loco recedit, à quo moveri cœpit. Ariſtot. Phyſic. auſcult. L. 7, *p.* 406, 407. L. 8, *p.* 426. L. 4, *c.* 6. Voyez ſur-tout la derniere note de ce chapitre. Le paſſage du huitième livre de la Phyſique d'Ariſtote, ch. 14.

roient que cette augmentation de la vîteſſe des corps dans leur chûte fût uniforme, & que l'accroiſſement des eſpaces parcourus ſe fît ſuivant la progreſſion des nombres impairs, 1, 3, 5, 7, &c.

85. Deux erreurs, dans leſquelles étoit Ariſtote à ce ſujet, s'oppoſoient à ce qu'il pût parvenir à découvrir la vérité : l'une étoit qu'il ſuppoſoit deux appétits différens dans les corps ; un dans les corps peſants, qui les faiſoit tendre au centre de la terre, & un appétit dans les corps légers qui les éloignoit de ce centre (*a*) : l'autre

Erreurs d'Ariſtote à ce ſujet.

---

eſt ainſi : *Quoniam omnia, quò longiùs diſtant ab eo quod quieſcit, eò celeriùs feruntur*, p. 427 ad finem. Vid. Pererii *de rerum naturalium principiis*, Edit. Paris, in-4. 1679, p. 738, & ſeq. Simplicius, p. 469, 470. Idem Simplic. text. 615, Phyſic. com. 47, refert obſervationes duas Stratonis Lampſaceni ad corroborandam hanc propoſitionem.

(*a*) Τὸ γῆν μὲν ὅσῳ ἂν ἰνφοτέρω ᾖ τῆς μέσου, θᾶττον φέρεσθαι. Τὸ δὲ πῦρ, ὅσῳ ἂν τὰ ἄνω. εἰ δ' ἄπειρος ἦν, ἄπειρος ἂν ἦν καὶ ἡ ταχύτης, καὶ τὸ βάρος, καὶ ἡ κουφότης. ὡς γὰρ τῷ κατωτέρῳ ταχυτῆτι ἑτέρου, τῷ βάρει ἂν ἦν ταχύ. οὕτως εἰ ἄπειρος ἦν ἡ τούτου ἐπίδοσις, καὶ ἡ τῆς ταχυτῆτος ἐπίδοσις ἄπειρος ἂν ἦν.

erreur étoit de penser que les différens corps tomboient dans le même milieu avec une vîtesse proportionnelle à leurs masses (*b*); au lieu que la résistance des milieux est la seule raison de cette différence (*c*); de sorte que, supposant qu'ils tombassent dans un milieu, qui n'opposeroit point de résistance, dans le vuide,

---

Terra namque, & ignis quò propinquiora sunt locis suis, illa quidem medio, ignis verò supero loco, eò celeriùs porrò feruntur. Quod si infinitus esset superus locus, infinita nimirùm, & celeritas esset : & si celeritas infinita esset, & gravitas etiam, & levitas infinita esset. Nam ut id, quod inferiùs pergeret, celeritate differens, gravitate celere est : sic si infinita esset hujus accretio, & incrementum sanè celeritatis infinitum etiam esset. *Aristotel. de cælo*, *l*. 1, *c*. 8, *p*. 443, & *l* 4, *c*. 1. Vid. *Lib* 2, *de cælo*, *c*. 6, *p*. 458. D. E.

(*b*) Τὸ γὰρ τάχος ἕξει τὸ τῦ ἐλάττονος, πρός τὸ τῦ μείζονος, ὡς τὸ μείζον σῶμα πρός τὸ ἔλαττον. Celeritas enim minoris ad celeritatem majoris ita sese habebit, ut majus corpus se habet ad minus. *Aristot. de cælo*, *lib*. 3, *c*. 2, *p*. 476.

(*c*) Tolta la resistenza del mezzo, tutti i mobili si moverebbero con i medesimi gradi di velocità. *Galileus Dialog*. 1. *p*. 74.

par exemple, les corps les plus légers tomberoient alors avec la même vîtesse que les plus pesans, comme on l'a observé depuis le siécle dernier avec le secours de la machine pneumatique, dans laquelle le papier, la plume & l'or tombent avec une vîtesse égale.

86. Mais si Aristote ignoroit que la résistance des milieux, dans lesquels les corps tombent, étoit la cause de la différence qui se trouve dans le temps de leur chûte ; s'il ignoroit que, dans le vuide, les corps les plus inégaux en pesanteur, comme le duvet & l'or, devoient tomber avec une égale vîtesse ; tous les anciens ne l'ont pas ignoré. Lucrèce, instruit dans les principes de Démocrite & d'Epicure, avoit connu cette vérité, & l'avoit soutenue par des argumens qui feroient honneur au physicien le plus expérimenté de nos jours. » Il » croyoit que n'y ayant rien dans le vui- » de (*a*), qui pût retarder le mouvement

Raison de la différence de la chûte des corps, connue des anciens.

───────────────

(*a*) Quod si forté aliquis credit graviora potesse
    Corpora ; quo citiùs rectum per inane feruntur,
    Incidere è supero levioribus, atque ita plagas

» des corps, il étoit nécessaire que les plus
» légers tombassent dans une vîtesse égale
» avec les plus pesans; que là où il n'y a
» point de résistance, les corps doivent se
» mouvoir toujours en temps égaux; que
» la chose seroit différente dans des mi-
» lieux qui opposeroient une différente ré-
» sistance aux corps dans leur chûte; il
» allégué là-dessus les raisons mêmes tirées

Gignere, quæ possint genitales reddere motus;
Avius à verâ longè ratione recedit.
*Nam per aquas quæcumque cadunt, atque aëra
deorsùm,*
Hæc pro ponderibus casus celerare necesse est;
Proptereà quia corpus aquæ, naturaque tenuis
Aëris haud possunt æquè rem quamque morari,
Sed citiùs cedunt gravioribus exuperata.
   At contrà nulli de nullâ parte, neque ullo
Tempore inane potest vacuum subsistere rei,
Quin, sua quòd natura petit, concedere pergat.
Omnia quapropter debent per inane quietum,
Atque ponderibus non æquis concita ferri.
   Haud igitur poterunt levioribus incidere un-
     quam
Ex supero graviora; neque ictus gignere per se,
Qui varient motus, per quos natura gerat res.
              Lucretius, Lib. 2, v. 225 & seq.

» des expériences qui ont porté Galilée à
» fonder sa théorie ; il dit que la différence
» des vîtesses doit être plus grande dans les
» milieux qui opposent une plus grande
» résistance ; & que l'air & l'eau résistant
» différemment aux corps, sont la cause
» qu'ils tombent dans ces milieux avec une
» vîtesse différente «.

87. On a vu que les anciens connoissoient l'accélération du mouvement dans les corps, & la raison de la différence de leur chûte ; on voit encore qu'ils connoissoient la cause du mouvement accéléré, & que parmi les différentes opinions agitées sur cette question, celle d'Aristote n'est peut-être pas la moins probable. Ce philosophe croyoit en effet que le premier effort de mouvement, imprimé à un corps, agissoit à chaque instant sur lui, & augmentoit à chaque instant sa vîtesse ; de sorte que les différens degrés de vîtesse que ce corps acquéroit dans chaque moment de sa chûte, étoient la cause de l'accélération continuelle de son mouvement (*a*).

Cause du mouvement accéléré dans Aristote ;

(*a*) Ἀεὶ γὰρ ἅμα κινεῖ καὶ κεκίνηκεν. Semper enim

Il disoit qu'il y avoit une force qui agissoit sur les corps pesans & les déterminoit à descendre (a); & cette force, selon lui, étoit la gravité naturelle qui les porte vers le centre de la terre; & il supposoit qu'à cette

---

simul movet & movit. *Arist. Phys. Lib.* 7, cap. 6, p. 406. C.

(a) Ἐπεὶ ᾖ τό τε βάρος ἔχει τινὰ ἰσχὺν, καθ' ἣν φέρεται κάτω, ϰ̣ τὰ συνεχῆ πρὸς τὸ μὴ διασπᾶσθαι, ταῦτα δεῖ πρός ἄλληλα συμβάλλειν. ἐὰν γὰρ ὑπερβάλλῃ ἡ ἰσχύς ἡ τῇ βάρους της ἐν τῳ συνεχεῖ, πρός τὴν διάστασιν, ϰ̣ τὴν διαίρεσιν, βιάσεται κάτω θᾶττον.

Cum autem & pondus aliquas habeat vires, quibus deorsùm fertur, & continua simili modo, ut non disrumpantur, hæc inter sese conferre oportet. Si vires enim ponderis, eas vires, quæ in continuo sunt ad disruptionem, divisionemque, exsuperent, *vim inferet ipsum grave, celeriùsque deorsùm feretur*. Aristot. de cœlo, lib. 4, ad finem, p. 493. Et de cœlo, lib. 3, c. 2, p. 476, ad finem capit. „ Cette idée d'Aristote est sur-tout clairement ex„ pliquée dans la Section vingtième de ses *Quæstiones Mechanicæ*, p. 1192, 1193, en ces termes: *Ipsum grave ipsa sui motione vim acquirit, & quò plùs movetur, eò plùs gravitatis assumit.* Τὸ βαρὺ τῆς τοῦ βάρους κίνησιν λαμβάνει μᾶλλον κινούμενον ἢ ἠρεμοῦν, &c. comme a dit un poëte de la renommée:

Mobilitate viget, virésque acquirit eundo.

Virg. Æneid. L. 4, vers. 175.

première cause se joignoient pendant la chûte d'un corps de nouveaux efforts de la même cause *qui lui imprimoient de nouvelles forces à chaque instant différent, & accéléroient ainsi sa descente.*

88. C'étoit-là sans doute le sentiment d'Aristote, qui a été interprété de la maniere que je viens de l'exposer par le plus habile de ses commentateurs (*a*), & par tous ceux qui ont examiné avec attention les principes de ce philosophe (*b*) ; entre

<small>Expliquée par Averroës, & dans Scot.</small>

(*a*) Velocitas propria unicuique motui sequitur excessum motoris super potentiam moti. *Averroës Comment. in Physicos lib.* 7, *text.* 35, *p.* 152. Velocitas motûs est *ex potentiâ motoris, & ex augmento super potentiam moti.* Idem in cœlum, *l.* 3, *text.* 27, *p.* 91. Vid. *Averrois opera Edit. Venet., apud Juntas, Ann.* 1552. Vide imprimis *Aristotel. Phys. l.* 7, *c.* 6, *p.* 406. C. Cum autem id quod movet, aliquid semper moveat, & in aliquo, ut usque ad aliquid : dico autem in aliquo, quia in tempore movet ; usque ad aliquid verò, quia per quantam aliquam longitudinem : *semper enim simul movet & movit* : quapropter erit quantum quiddam, quod motum est & in quanto, *& seq.* Voyez aussi les notes, *a* & *b*, Sect. 85 de cet Ouvrage.

(*b*) *Joannis Dunsii Scoti, opera in-xij, tom. in-fol. Lugduni* 1639.

autres Jean Duns, dit Scot, qui vivoit au treiziéme siécle, & son interpréte le P. Ferrari (c).

(c) Communis demùm Peripateticorum opinio, quam nos amplectimur, accelerationis illius causam in impetu acquisito constituit: quia per motum efficitur in gravi major semper, ac major impetus usque ad terminum accelerationis: qui impetus gravitatem auget, ac motum proindè magis accelerat. *Veteris, & recentioris Philosophiæ dogmata Joannis Dunsii Scoti doctrinis accommodata, studio Antonii Ferrari, Venetiis* 1757, 3 *vol. in-*12.

„ Il y a plusieurs passages dans Simplicius, qui
„ donnent clairement ce sens que l'on attribue à un
„ Péripatéticien, entre autres sont les suivans.

Ἔτι ᾗ φησὶ (Ἀλέξανδρος), ᾗ ἐν τῇ βαρύτητι κατὰ φύσιν ἐστὶν εἶναι κάτω..... εὔλογον προσθήκην τινὰ κατὰ τὸ βάρος λαμβάνειν..... Si gravitati secundùm naturam est esse deorsùm.... rationabile est, *ea* (sc. *corpora*) *appositionem aliquam, & additionem secundùm gravitatem accipere.* Simplicius de cœlo, *Lib.* 1, *comm.* 86, *col.* 2. *Idem*, p. 62. *Edit. Aldi.*

Ταχύτερον φέρεται ἐπὶ τὸ κάτω..... δῆλον ὅτι διὰ προσθήκην βάρους ταχύτερον φέρεται. *Idem* p. 62.

Et Paulo post, p. 92, *col.* 1. Citiùs feruntur corpora deorsùm....... *propter appositionem gravitatis.* *Vide* quoque Alexandrum Aphrodisæum in Quæst. Natural.

CHAP. VI.

CHAPITRE VI.

Pesanteur universelle, force centripète & centrifuge.

Loix des mouvemens des Planètes, suivant leur distance du centre commun.

89. C'est ici où les Modernes se flattent d'avoir un avantage marqué, s'imaginant avoir les premiers découvert le principe de la gravitation universelle, qu'ils regardent comme une vérité qui avoit été inconnue aux Anciens. Il est cependant aisé de faire voir qu'ils n'ont fait que suivre les traces de ces anciens philosophes, en partant du même principe, & guidés par les mêmes raisonnemens. Il est vrai que les modernes ont démontré clairement les loix de cette gravitation universelle, & qu'ils les ont expliquées avec cette clarté & cette précision qui caractérise le génie de ce siècle & du siècle passé; mais aussi c'est tout ce qu'ils ont fait à cet égard, sans y avoir rien ajouté.

Gravitation universelle.

146 PESANTEUR

Pesanteur & mouvement de projection combinés dans le cours des astres.

90. Avec la moindre attention aux connoissances des Anciens, on trouve qu'ils n'ignoroient pas la gravitation universelle, & qu'ils sçavoient de plus que le mouvement curviligne, suivant lequel les astres décrivent leurs cours, est le résultat de la combinaison des deux forces des mouvemens auxquels ils sont en proie; du mouvement rectiligne, & de celui de la ligne perpendiculaire, dont l'effet combiné doit les obliger à parcourir une ligne courbe.

Ces deux forces ont été connues des Anciens,

91. Ils ont connu les raisons de ces deux mouvemens, ou de ces deux forces contraires, qui retiennent les planetes dans leurs orbes; & ils s'étoient expliqués là-dessus comme ont fait après eux les Modernes, à l'exception seulement des termes de *centripète* & de *centrifuge*, dont ils avoient cependant donné tout l'équivalent.

ainsi que la loi du quarré des distances.

92. Ils connoissoient aussi l'inégalité du cours des planètes, ils l'attribuoient à la variété de leur pesanteur réciproque, & à leurs distances proportionnelles entr'elles; ou, ce qui est la même chose, & afin de l'exprimer dans les termes consacrés par

les philosophes modernes, ils connoissoient la *loi de la raison inverse du quarré de la distance au centre de révolution.*

93. Je n'insisterai pas beaucoup sur le système d'Empédocles dans lequel on a cru entrevoir le fond du système Newtonien ; on prétend (*a*) que sous le nom d'amour il a voulu désigner une loi, une force qui portoit les parties de la matiere à s'unir entr'elles, & à laquelle il ne manque que le nom d'attraction ; on veut aussi que par le nom de discorde il ait prétendu désigner une autre force, qui contraignoit ces mêmes parties à s'éloigner les unes des autres, & que M. Newton appelle une force d'écartement. Je veux bien croire que l'on puisse réduire le système de Newton à ces deux principes, mais comme ils paroissent exposés d'une maniere trop vague & trop générale, & que nous ne manquons pas de témoignages plus précis & plus authentiques pour appuyer le sujet en

Système d'Empédocles.

―――――――――――

(*a*) *M. Fréret de l'Académie des Inscriptions & Belles-Lettres, Mém. de l'Acad. vol.* 18, *p.* 101.

question; je laisse Empédocles, pour m'arrêter sur les passages qui mériteront davantage notre attention.

Les Pythagoriciens, & les Platoniciens ont connu les deux forces de projection & de pesanteur.

94. Les Pythagoriciens & les Platoniciens traitant de la création du monde, ont senti la nécessité d'admettre l'effet des deux forces de projection & de pesanteur, afin de pouvoir rendre raison des révolutions des planètes. Timée de Locres (a), parlant de l'ame du monde, qui met toute la Nature en mouvement, dit que Dieu *l'avoit douée de deux forces, lesquelles étoient*

(a) Ὧι ποτέμιξε δύο δυνάμεις, ἀρχὰς κινασίων, τᾶς τε ταυτῶ, καὶ τᾶς τῶ ἑτέρω. λόγοι δ᾽ ὧδε πάντες ἐντὶ κατ᾽ ἀριθμὸς ἁρμονικὼς συγκεκροτημένοι· ὡς λόγως κατὰ μοίρας διαιρᾶκες ποτ᾽ ἐπισάμεν, ὡς μὴ ἀγνοεῖν ἐξ ὧν ἁ ψυχὰ κὴ δι᾽ ὧν συνεστάκει.

Cui (Natura scilicet) *duas potentias immiscuit, motuum principia, ejusdem videlicet, & alterius. Hæ autem omnes rationes sunt contemperatæ ad numeros harmonicos*: quas & ipse rationes opifex congruenter distinxit, certis scientiæ auspiciis : ut quidem minimè incognitum esse possit, ex quibus hæc mundi anima sit constituta. *Timæus Locrensis, Plato, Edit. Steph. p. 95, 96.*

combinées suivant certaines proportions numériques.

95. Platon, qui a suivi Timée dans sa philosophie naturelle, dit clairement que Dieu avoit imprimé aux astres (a) *le mouvement qui leur étoit le plus propre*; ce qui ne peut être que le mouvement rectiligne qui le fait tendre vers le centre de l'univers ou la pesanteur; & qu'ensuite, par une impulsion latérale, ce mouvement avoit été changé en circulaire : & Diogène de Laërce faisant vraisemblablement allusion à ce passage de Platon, dit qu'au commencement les corps de cet univers étoient agités tumultueusement, & d'un

Platon a enseigné clairement cette doctrine.

_____

(a) Κίνησιν γὰρ ἀπένειμεν αὐτῷ, τὴν τῷ σώματος οἰκείαν.. (& paulò post). Διὸ δὴ κατὰ ταὐτὰ ἐν τῷ αὐτῷ, κ̇ ἐν αὑτῷ περιαγαγὼν αὐτὸ ἐποίησε κύκλῳ κινεῖσθαι ςρεφόμενον.

Motum enim dedit cœlo, eum qui corpori sit aptissimus (i. e. directum.) .... *Itaque unâ conversione, atque eâdem, ipse circum se torquetur, & vertitur. Platonis Timæus*, p. 34. A.

Cœloque solivago, & volubili, & in orbem incitato complexus est, p. 34. Voy. aussi page 36.

K iij

mouvement désordonné, mais que *Dieu régla leur cours ensuite par des loix naturelles & proportionnelles (a)*.

<small>Expression remarquable d'Anaxagore.</small>

96. Anaxagore, cité par Diogène de Laërce (b), étant interrogé sur la raison qui retenoit les corps célestes dans leur orbite malgré leur pesanteur, répondit que *la rapidité de leur cours les conservoit en cet état, & que si ce mouvement violent venoit à se relâcher*, l'équilibre étant rompu, toute la machine du monde viendroit à se bouleverser.

<small>Gravitation universelle, forces centripète & centrifuge connues de Plutarque.</small>

97. Plutarque, qui a connu presque toutes les vérités brillantes de l'astronomie, a aussi entrevu la force réciproque qui fait

---

(a) Porrò ista quidem primo tumultuario, & inordinato motu agitari : at postquàm mundum constituere cœperunt *ex rationibus insitis, debitum ordinem, & modum à Deo accepisse*. Diog. Laert. Lib. 3, Sect. 76, 77.

(b) Τῇ σφοδρᾷ ϑ περιδινήσει ἐμπαλάξαι, ᾗ ἀνιέντος κατενεχθήσεσθαι. Silenus in primo historiarum auctor est, Anaxagoram dixisse, *cælum omne vehementi circuitu constare, aliàs remissione lapsurum*. Diog. Laert. in Anaxag. Lib. 2, Sect. 12.

UNIVERSELLE, &c.

graviter les planètes les unes sur les autres ;
» & après avoir entrepris d'expliquer la
» raison de la tendance des corps terrestres
» vers la terre, il en cherche l'origine dans
» *une attraction réciproque entre tous les corps,*
» *qui est cause que la terre fait graviter vers*
» *elle les corps terrestres, de même que le soleil*
» *& la lune font graviter vers leurs corps tou-*
» *tes les parties qui leur appartiennent ; &,*
» *par une force attractive, les retiennent dans*
» *leur sphere particuliere* (a)" : il applique en-

(a) Καὶ ἴδε γε οἱ νῦν ὅμως ἐπαφρο[δ]ἰς εἰς τὸ αὐτὸ συντίθεν, κ̀ πρὸς τὸ αὐτοῦ μέσον ἀποφρίδες πᾶσι τοῖς μορίοις, οὐκ ὡς μέσον ὅσω τοῦ παντὸς ἡ γῆ μᾶλλον, ἢ ὡς ἄλλη, οἰκειοῦνται μέρη αὐτῆς εἰ τὰ βάρη· καὶ τεκμήριον.... ἴσως τῶν μηδαμοῦ, ἢ οὐκ ἐπὶ μεσότητος πρὸς τὸν κόσμον, ἀλλὰ πρὸς τὰς γῆς κοινωνίας πρὸς καὶ συμφυίας τοῖς ἀποσπασθεῖσιν αὐτῆς, εἶτα πάλιν καταφερομένοις. ὡς γὰρ ὁ ἥλιος εἰς ἑαυτὸν ἐπιστρέφει τὰ μέρη ἐξ ὧν συνέστηκε, κ̀ ἡ γῆ τὸν λίθον ὥσπερ.... προσή- κοντα δέχεται, καὶ φέρει πρὸς ἑαυτόν.

At enim, si omne corpus grave eòdem fertur, &
ad centrum suum *omnibus partibus vergit*, *terra* non
ut centrum universi potiùs, *quàm totum*, *sibi omnia*
gravia, ut suas partes, vindicabit. Argumentum... erit
vergentium, quibus non medium mundi est causa
suorum momentorum, sed cognatio cum terrâ, à

suite ces phénomènes particuliers à d'autres plus généraux ; & *de ce qui arrive sur notre globe, il déduit, en posant le même principe, tout ce qui doit arriver dans les autres corps célestes respectivement à chacun en particulier*, & les considère ensuite dans le rapport qu'ils doivent avoir suivant ce principe les uns relativement aux autres (*a*). Il éclaircit ce rapport général *par l'exemple de ce qui arrive à notre lune dans sa révolution autour de la terre, & il la com-*

―――――

quâ vi repulsa, rursum ad eam se conferunt. *Sicut enim sol omnes partes, ex quibus constat, ad se convertit : & lapidem terra, ut sibi convenientem accipit.... & fert ad eum*. Plutarch. de facie in orbe lunæ, pag. 924. D. E. » On attribue un prin- » cipe semblable aux mages Persans & aux Chal- » déens ; συμπαθεῖναι ἄνω τοῖς κάτω. Psell. *Declaratio Dogmatic. Chaldaic.*

(*a*) Ἡ τε πρὸς τὴν γῆν τῶν ἐνταῦθα συναλφεσις, καὶ σύστασις ὑφηγεῖται τὸν τρόπον, ᾧ μένειν τὰ ἐκεῖ ὑφιστάμενα πρὸς σελήνῃ, εἰκός ἐστιν. *Eorum, quæ hîc sunt, comparatio, & constitutio, respectu terræ, ducit nos ad intelligentiam modi, quo ea, quæ ad lunam isthic accidunt, permanere sit probabile.* Plutarch. *de facie in orbe lunæ*, p. 924. F. » Voy. Pemberton *Intro-* » *duct. à la Philosophie de Newton*, p. 20 & 21.

pare à une pierre dans une fronde, *laquelle éprouve deux forces à la fois* ; la force du mouvement de projection qui la porteroit à s'éloigner, si elle n'étoit retenue par le bras qui agite la fronde, & qui est la force centrale, laquelle combinée avec la force de projection, lui fait parcourir un cercle (*a*) : il parle encore, dans un autre endroit, *de cette force inhérente dans la terre, & dans les autres planètes, pour attirer vers elles tous les corps qui leur sont subordonnés*(*b*) ; de sorte qu'il est impossible de ne

---

(*a*) Καὶ τῷ τῇ μὲν Σελήνης βοηθείᾳ πρὸς τὸ μὴ πεσεῖν ἡ κίνησις αὐτὴ, καὶ τὸ ῥιζῶδες τῆς περιαγωγῆς, ὥσπερ ὅσα ταῖς σφενδόναις ἐντεθέντα τῆς καταφορᾶς κάλυσιν ἴσχει τὴν κύκλῳ περιδίνησιν. *Atqui luna auxilio est, ne cadat motus, & ejus impetus : quomodò quæ funais imposita in orbem rotata delabi non sinuntur.* Plutarch. de facie in orbe lunæ, p. 923, C.

(*b*) Εἰ γὰρ ὁποσουοῦν, καὶ ὁ τι ἂν ἐκτὸς ᾖ ὅρια τοῦ κέντρου τῆς γῆς, ἄνω ἐστιν, οὐδέν ἐστι τοῦ κόσμου κάτω μέρος· ἀλλ' ἄνω καὶ ἡ γῆ, καὶ τὰ ἐπὶ γῆς, καὶ πᾶν ἁπλῶς σῶμα τῷ κέντρῳ περιεστηκὸς, ἢ ἐπικείμενον, ἄνω γίνεται, κάτω δὲ μόνον ὂν ἓν, τὸ ἀσώματον σημεῖον ἐκεῖνο, ὃ πρὸς πᾶσαν ἀντικεῖσθαι τὴν τοῦ κόσμου φύσιν ἀναγκαῖον. εἴγε δὴ τὸ κάτω πρὸς τὸ ἄνω κατὰ φύσιν ἀντίκειται. Καὶ εἰ τούτῳ μόνῳ τὸ

pas reconnoître dans tous les passages que nous venons de citer sur ce sujet une force centripéte qui fait tendre les planêtes vers leur centre commun, & une force centrifuge qui les en éloigne & les retient dans leur orbite.

Et de Lucrèce.

98. Nous venons donc de voir que les

ἄτοπον, ἀλλὰ καὶ τὴν αἰτίαν ἀπόλλυσι τὰ βαρὺ, δι᾿ ἣν δεῦρο καταρρέπει καὶ φέρεται· σῶμα μὲν γὰρ οὐδέν ἐστι κάτω, πρός ὃ κινεῖται· τὸ δὲ ἀσώματον, οὔτε εἰκός, ὅτι βούλεται τοσαύτην ἔχει δύναμιν ὥστε πάντα κατατείνειν ἐφ᾿ ἑαυτὸ κỳ περὶ αὐτὸ συνέχειν.

Si enim quidquid quocumque modo extra centrum terræ est, dici oportet, suprà esse, nulla pars mundi infrà erit : sed suprà fuerit & terra, & omnia, quæ ei incumbunt, & simpliciter quodvis corpus centro circumpositum : infra autem unicum illud corporis expers punctum, atque hoc necesse erit omni mundi naturæ opponi : quandò superûm naturæ ratione invicem opponuntur. Neque hoc dumtaxat est in hâc re absurdum : sed causam quoque gravia perdunt, ob quam deorsùm vergant, atque ferantur, cùm nullum sit infrà corpus, ad quod moveantur. Nam *quod corporeum non est, id neque probabile est, neque ipsi volunt, tantâ esse vi præditum, ut omnia ad se trahat, & circa se contineat.* Plutarch. *de facie in orbe lunæ*, p. 926. A.

Anciens ont attribué aux corps célestes une pesanteur vers un centre commun de leur mouvement, & une gravité réciproque entr'elles. Lucrèce avoit bien compris cette vérité, quoiqu'il en tirât la conséquence hardie qu'il n'y avoit point de centre commun dans l'univers, mais que l'espace infini étoit rempli d'une infinité de mondes semblables au nôtre; car, disoit-il, si les corps célestes étoient portés vers un centre commun, & n'étoient pas retenus par une autre puissance agissante extérieurement sur eux, en vertu de la même force attractive, il y auroit long-temps qu'ils se seroient rapprochés & se seroient réunis à leur centre de gravité commun, comme tombant vers le lieu le plus bas, & n'auroient alors formé qu'une masse infinie & inactive (a).

(a) Præterea spatium summaï totius omne
   Undique si inclusum certis consisteret oris,
   Finitumque foret, jam copia materiaï
   Undique ponderibus solidis confluxit ad imum,
   Nec foret omninò cœlum, neque lumina solis;

Attraction proportionnée à la masse des corps.

99. Il paroît encore que les Anciens sçavoient aussi bien que les Modernes que cette gravitation n'avoit point sa cause dans une force qu'ils s'imaginassent résider dans le centre de la terre, vers laquelle tendoient tous les corps; leurs idées là-dessus étoient plus philosophiques; & l'on voit aisément par les passages que je viens de rapporter aux notes (*a*) pag. 130, 131, *que cette force étoit diffuse dans toute la matiere du globe terrestre, & composée de forces de toutes les différentes parties de la matiere de notre globe.*

Loi de la raison inverse du quarré des distances connue des Anciens.

100. Il me reste à examiner une autre question importante; sçavoir si les Anciens ont connu quelles étoient les loix suivant lesquelles la force de la gravitation agissoit sur les corps célestes, & s'ils croyoient qu'elles fussent en raison de leur masse, & suivant la proportion de leurs distances. Il

---

Quippè ubi materies omnis cumulata jaceret
Ex infinito jam tempore subsidendo.
Lucr. Lib. 1, *v.* 983.
„ Démocrite pensoit la même chose selon Aristote *de Generat. Lib.* 1, *c.* 8.

est certain que les Anciens n'ignoroient pas que le cours des astres se faisoit suivant des proportions constantes & inaltérables, & qu'ils avoient différentes opinions sur la nature de ces proportions (*a*). Les uns les cherchoient dans la différente masse de la matiere dont ils étoient composés, & d'autres dans leurs différens intervalles; Lucrèce, après Démocrite & Aristote, pensoit que *la gravité des corps étoit proportionnelle à la quantité de matiere dont ces corps étoient composés* (*b*) ; & de très-habi-

---

(*a*) Καί τοι τινὲς μὲν ἐν τοῖς τάχεσι τῶν πλανωμένων σφαιρῶν, τινὲς δὲ μᾶλλον ἐν τοῖς ἀποστήμασιν, ἔνιοι δὲ, ἐν τοῖς μεγέθεσι τῶν ἀστέρων, οἱ δὲ ἄγαν ἀκριβοῦν δοκοῦντες, ἐν ταῖς τῶν ἐπικύκλων διαμέτροις ζητοῦσι τὰς εἰρημένας ἀναλογίας.

Et vero nonnulli in celeritatibus errantium globorum, *alii in intervallis potiùs, quidam in magnitudinibus stellarum*, aliqui subtilissimam sibi rationem secuti qui videntur, in epicyclorum diametris proportiones istas quærunt. *Plutarch. de anima procreatione*, p. 1028. A. B.

Voyez Montucla, *Hist. de Mathem.* t. 1, p. 270.

(*b*) Montucla, *Hist. des Mathémat.* t. 1, p. 143 dit: Nous sçavons que Démocrite disoit, que les

les Newtoniens, qui devoient être les plus intéressés à conserver à leur maître la gloire d'avoir découvert le premier les vérités qui sont le principal ornement de son système, ont été les premiers à indiquer la source où elles paroissoient avoir été puisées. Il est vrai qu'il a fallu toute la pénétration & la sagacité de sçavans tels que Newton, Grégori & Maclaurin, pour appercevoir & découvrir la loi inverse du quarré des distances (que Pythagore avoit enseignée) dans le peu de fragmens qui nous ont été transmis de sa doctrine; mais il n'en est pas moins vrai qu'elle s'y trouve, puisque les Newtoniens mêmes en con-

―――――

atômes pesoient les uns plus que les autres à proportion de leur masse, & il cite Aristote *de Gener. anim. l.* 1, *c.* 8 : *il doit y avoir une erreur dans cette citation.*

» M. Montucla aura voulu parler de l'ouvrage
» d'Aristote *de generatione, & corruptione*, dans
» lequel on trouve ce passage. Καὶ τοι βαρύτερόν γε κατὰ τὴν ὑπεροχὴν φησίν εἶναι Δημόκριτος ἕκαστον τῶν ἀδιαιρέτων. Democritus atomorum quodque per excessionem gravius esse asserit. *Lib.* 2, *c.* 8, *p.* 510. *tom.* 1. B.

viennent, & font les premiers à s'appuyer de l'autorité de Pythagore pour donner du poids à leur fyftême.

101. Plutarque eft, de tous les philofophes qui ont parlé de Pythagore, celui qui étoit le plus en état de faifir les idées de ce grand homme ; auffi les a-t-il expliquées (*a*) mieux que perfonne. Pline, Macrobe & Cenforinus (*b*), ont auffi parlé de l'harmonie que Pythagore avoit obfervé régner dans le cours des planètes ; Plutarque lui fait dire qu'il eft vraifemblable que les corps des aftres, les diftances, les in-

Expliquée dans Plutarque, Pline, Macrobe & Cenforinus.

___

(*a*) " Les paffages de Plutarque, de Pline, Macrobe & Cenforinus dans lefquels cette vérité fe
" trouve enveloppée, font trop longs, trop diffus &
" embarraffés pour pouvoir être rapportés en note ;
" c'eft pourquoi je me fuis contenté de les citer
" exactement un peu plus bas, & de rapporter la
" manière dont les Newtoniens eux-mêmes les ont
" entendus.

(*b*) *Macrob. in fomnium Scipionis*, Lib. 2, c. 1 ; & Lib. 1, c. 19.

Cenforinus de die natali, cap. 10, 11 & 13.

Plin. Lib. 2, c. 22. Voyez *tom*. 2 *de cet Ouvr. la troifième Part.*, ch. 9. Sect. 235.

tervalles des sphères, les vîtesses de leur cours & de leurs révolutions sont proportionnelles entr'elles, & par rapport au total de l'univers (*b*). Et Grégori a été porté à convenir qu'il étoit évident à un esprit attentif que ce grand homme avoit entendu que la gravitation des planètes vers le so-

---

(*b*) Ὥσπερ οὖν ὁ τοῖς ἐπιτρίτοις, καὶ ἡμιολίοις, καὶ διπλασίοις λόγοις ζητῶν ἐν τῷ ζυγῷ τ᾽ λύρας, κὴ τῇ χελώνῃ, κỳ τοῖς κολλάβοις, γελοῖός ἐστι (δεῖ μὲν γὰρ ἀμέλει κỳ ταῦτα συμμέτρως γεγονέναι πρὸς ἄλληλα μήκεσι, κỳ πάχεσι, τὴν δὲ ἁρμονίαν ἐκείνην ἐπὶ τῶν φθόγγων θεωρεῖν) οὕτως εἰκὸς μέν ἐστι κỳ τὰ σώματα τῶν ἀστέρων, κỳ τὰ διαστήματα τῶν κύκλων, κỳ τὰ τάχη τῶν περιφορῶν, ὥσπερ ὄργανα ἐν τεταγμένοις ἔχειν ἐμμέτρως πρὸς ἄλληλα κỳ πρὸς τὸ ὅλον. Sicut igitur, qui proportiones sesquitertias, sesquiplas, atque duplas quærat in jugo lyræ, testudine, & clavis, ridiculus sit : (nam quin & hæc debeant inter se longitudinem, & crassitiem habere proportione aptam, dubium non est : cùm interim harmonia in fidium sit consideranda sonis) *ita probabile est etiam corpora stellarum, intervalla circulorum, conversionum celeritates, tanquam instrumenta recto ordine disposita, suam habere cùm inter se, tùm ad totam compagem universi proportionem.* Plutarchus *de anima procreatione*, pag. 1030. C.

ſeil étoit en raiſon réciproque de leurs diſtances de cet aſtre ; & cet illuſtre Moderne, ſuivi de Maclaurin, fait parler ainſi l'ancien philoſophe.

102. » Une corde de muſique, dit Py- *Sentiment de Pythago-*
» thagore, donne les mêmes ſons qu'une *re, ſuivant*
» autre corde, dont la longueur eſt double, *Grégori &*
» lorſque la tenſion ou la force avec la- *Maclaurin.*
» quelle la derniere eſt tendue, eſt qua-
» druple ; *& la gravité d'une planète eſt*
» *quadruple de la gravité d'une autre, qui eſt*
» *à une diſtance double.* En général, pour
» qu'une corde de muſique puiſſe devenir
» à l'uniſſon d'une corde plus courte de
» même eſpéce, ſa tenſion doit être au-
» gmentée dans la même proportion que
» le quarré de ſa longueur eſt plus grand ;
» *& afin que la gravité d'une planète devienne*
» *égale à celle d'une autre planète plus proche*
» *du ſoleil, elle doit être augmentée à propor-*
» *tion que le quarré de ſa diſtance au ſoleil eſt*
» *plus grand.* Si donc nous ſuppoſons des
» cordes de muſique *tendues du ſoleil à cha-*
» *que planète*, pour que ces cordes devinſ-
» ſent à l'uniſſon, *il faudroit augmenter ou*

» *diminuer leur tenſion, dans les mêmes pro-*
» *portions qui ſeroient néceſſaires pour rendre*
» *les gravités des planètes égales.* C'eſt de la
» ſimilitude de ces rapports que Pythagore
» a tiré ſa doctrine de l'harmonie des ſphè-
» res « (*a*).

Juſtice rendue à Platon par Galilée.

103. Je ne dois pas oublier, avant que de finir ce chapitre, de rapporter un paſſage de Galilée, par lequel il reconnoît devoir à Platon ſa premiere idée ſur la maniere de déterminer comment les différens degrés de vîteſſe ont dû produire les mouvemens

---

(*a*) *Gregorii*, *Aſtronomiæ Elementa*; & Maclaurin, *Syſtêmes des Philoſophes dans un diſcours préliminaire à la philoſophie de Newton*, p. 32.
Plutarch. de anima procreatione, t. 2, p. 1017 & ſeq. *Vide & Macrobium in ſomnium Scipionis*, l. 2, c. 1... *Plin. Hiſt. Nat. l.* 2, c. 22... *Plutarch. de facie in orbe lunæ*, p. 924. D. E, & 923, lin. 32 *de vi centrifugâ*... *Corſin. in Plutarch. de Placitis Philoſoph. Diſſert.* 2, p. 47, 50 & 51... *Et tandem Plutarch. tom.* 2, p. 1028. A. B. 1029 B. C. *De anima procreatione. Et verò*, &c. toute la page, & ſur-tout pag. 1030. B. *Priſc. porrò Theolog.*, &c. juſqu'à la fin du Livre.... *Cenſorinum de die natali*; cap. 10 & 13.

UNIVERSELLE, &c. 163

uniformes dans les révolutions des corps célestes ; il suppose » que Platon ayant » imaginé (a) qu'aucun mobile n'avoit pu » passer du repos à aucun degré déterminé

(a) Platone avendo per avventura avuto concetto non potere alcun mobile passare dalla quiete ad alcun determinato grado di velocità, nel quale ei debba poi equabilmente perpetuarsi, se non col passare per tutti gli altri gradi di velocità minori, o vogliam dire di tardità maggiori, che tra l'assegnato grado, e l'altissimo di tardità, cioé della quiete intercedono; disse. che Iddio dopo avere creati i corpi mobili celesti, per assegnar loro quelle velocità, colle quali poi dovessero con moto circolare equabile perpetuamente muoversi, *gli fece*, partendosi loro dalla quiete, *muovere per determinati spazii di quel moto naturale, e per linea retta*, secondo'l quale noi sensatamente veggiamo i nostri mobili muoversi dallo stato di quiete accelerandosi successivamente. *E soggiunse, che* avendogli fatto guadagnar quel grado, nel quale gli piacque, che poi dovessero mantenersi perpetuamente, *converte il moto loro retto in circolare*; il quale solo è atto a conservarsi equabile, rigirandosi sempre senza allontanarsi, o avvicinarsi a qualche prefisso termine da essi desiderato. *Galilei Discorsi, & dimostrazioni matematiche*, edit. Leida, 1638. Elzev. in-4. p. 254.

» de vîtesse, dans lequel il ait dû ensuite
» se perpétuer dans une égalité constante,
» à moins que d'avoir passé avant, par tous
» les autres degrés de moindre vîtesse, ou
» de plus grand retardement ; il en conclut
» que Dieu, après avoir créé les corps cé-
» lestes, voulant leur assigner ensuite ce
» degré de vîtesse, dans lequel il vouloit
» qu'ils dussent se mouvoir continuelle-
» ment, il leur imprima, en les tirant du
» repos, une force qui les fit parcourir
» des espaces déterminés, suivant le mou-
» vement naturel & rectiligne, selon le-
» quel nous voyons nos mobiles partir du
» repos & continuer à se mouvoir dans un
» mouvement successivement accéléré ; &
» il ajoute que les ayant fait arriver à ce
» degré de mouvement, dans lequel il
» vouloit qu'ils se maintinssent perpétuel-
» lement, il convertit alors leur premier
» mouvement en un mouvement circulaire,
» lequel est le seul qui puisse se conserver
» uniforme, & faire que ces corps tour-
» nent sans cesse sans s'éloigner ou s'appro-
» cher d'un terme fixe ».

104. Cet aveu de Galilée est d'autant plus remarquable qu'il part d'un génie inventeur, & qui a le moins dû sa célébrité aux secours des Anciens; car tel est le propre des grands hommes de s'arroger le moins qu'il est possible un mérite auquel ils croient n'avoir pas tout le droit de prétendre : les deux plus grands philosophes modernes, Galilée & Newton, viennent de nous en fournir des exemples qui ne seront jamais suivis que par les génies de leur classe.

Désintéressement naturel aux grands hommes.

CHAPITRE VII.

Voie lactée; systémes solaires, ou pluralité des Mondes; Satellites, Tourbillons.

Réflexions sur la situation des Anciens par rapport aux Modernes. 105. CETTE zône lumineuse & blanchâtre, qu'on voit au firmament parmi les étoiles fixes, a dû fixer de bonne heure l'attention des Anciens, & leur faire avancer beaucoup de conjectures sur ce qui pouvoit l'occasionner; & il n'est pas douteux qu'ayant proposé différentes opinions làdessus, plusieurs doivent nous paroître fausses, puisqu'une seule peut être vraie; mais tel doit être le sort des génies les plus éclairés de tous les âges & sur-tout des âges les plus reculés; une suite de siécles écoulés après la découverte de quelque grande vérité, fait que l'on s'y familiarise; qu'elle est regardée comme si simple & si facile, qu'on est tout étonné que de grands hommes aient hésité sur des choses connues à nos enfans; & nous ne faisons pas réflexion qu'un jour viendra peut-être, où les idées des Locke & des Leibnitz, celles des Newtoniens sur l'attraction, & des autres physiciens sur d'autres sujets seront regardées par notre postérité comme des choses toutes aisées sur lesquelles on s'étonnera comment d'aussi grands hommes, que ceux qu'a produit notre siécle, aient pu s'arrêter long-temps. Si un seul de nous leur paroît avoir entrevu la vérité sur les points discutés à présent, combien paroîtront avoir avancé des rêveries ! Heureux encore, si parmi tant de différentes opinions, quelques-unes se trouvent être vraies ; car ce n'est pas peu pour les hommes, qu'il y en ait de temps en temps un qui marche d'un pas sûr dans les sentiers où tous les autres s'égarent ; cela arrive quelquefois aux Modernes, on en convient ; mais cela arrivoit de même aux Anciens ; la vérité brilloit souvent à travers l'obscurité dont leurs connoissances étoient enveloppées ; plusieurs se trompoient dans leurs conjectures ; un ou deux leur montroient la route qu'ils devoient tenir, & c'est tout ce à quoi nous nous attendons des lumieres de notre siécle éclairé.

Sentimens des Anciens sur la voie lactée.

106. La voie lactée & les étoiles fixes avoient été un sujet de recherches pour plusieurs philosophes : les Pythagoriciens disoient, sur la cause de la premiere, que le soleil avoit suivi une fois ce sentier, & y avoit laissé cette trace de blancheur que nous y observons ; les Péripatéticiens ont dit après Aristote que la voie lactée étoit formée par une exhalaison suspendue en l'air ; ils se sont trompés sans doute grossierement en cela, j'en conviens ; mais tous ne se sont pas trompés ; Démocrite, sans télescope, avoit dit, avant Galilée, que *cette partie du ciel, que nous nommons la voie lactée, contenoit une quantité innombrable d'étoiles fixes, dont le mélange confus de lumiere occasionnoit cette blancheur que nous désignons ainsi :* ou bien, pour le dire dans les mêmes termes que rapporte Plutarque (a), que c'étoit *la clarté réunie d'un grand nombre d'étoiles.*

(a) Δημόκριτος πολλῶν, καὶ μικρῶν, καὶ συνεχῶν ἀστέρων συμφωτιζομένων ἀλλήλοις συναυγασμὸν διὰ τὴν πύκνωσιν. Democritus existimavit viam lacteam esse plu-

107. Les Anciens n'étoient pas moins éclairés que nous sur la nature des étoiles fixes; il n'y a que fort peu de temps que les Modernes ont enfin adopté les idées de ces grands maitres à ce sujet, après les avoir rejettées pendant plusieurs siecles. Ce seroit à présent une erreur en bonne philosophie de douter que les étoiles ne soient autant de soleils comme le nôtre, qui ont probablement leurs planètes, lesquelles accomplissent des révolutions autour d'eux, & forment des systêmes solaires plus ou moins semblables au nôtre. Tous les philosophes admettent à présent ce systême, fondé sur les raisonnemens les plus solides de l'astronomie, l'idée la plus sublime de la Divinité, & qui tend le plus à manifester sa gloire ; & les esprits les moins philosophes commencent même à se familiariser avec cette idée, graces à l'élégant ouvrage de M. de Fontenelle sur ce sujet.

<small>Sur les étoiles fixes & la pluralité des Mondes.</small>

---

rium, & exiguarum, sibique cohærentium stellarum splendorem, quæ sese invicem ob densitatem sibi viciniam illuminent. *Plutarch. de Placit. lib.* 3, *cap.* 1.

Opinion de Plutarque sur ce point.

108. Cette opinion de la pluralité des Mondes a été aussi enseignée généralement par les anciens philosophes Grecs. Plutarque, après l'avoir exposée, dit « qu'il » étoit bien éloigné de la condamner, & » qu'il trouvoit très-probable qu'il y eût » une quantité innombrable, quoique dé-» terminée, de Mondes comme le nô-» tre (*a*) ».

Celle d'Anaximene.

109. Anaximene est un des premiers qui ait enseigné cette doctrine ; il croyoit que *les étoiles étoient des masses immenses de feu autour desquelles certains corps terrestres*

(*a*) Ἐγὼ δὲ περὶ μὲν ἀριθμοῦ κόσμων οὐκ ἄν ποτε διϊσχυρισαίμην ὅτι τοσοῦτοι, τὴν δὲ πλείους μὲν ἑνὸς, οὐ μὴν ἀπείρους, ἀλλ' ὡρισμένους πλήθει, τιθεμένην δόξαν, οὐδετέραν ἐκείνων ἀλογωτέραν ἡγοῦμαι. Ego autem de numero mundorum, quòd sint tot, nunquam sanè contenderim ; eam verò sententiam, quæ plures uno mundos, non tamen infinitos, sed numero determinatos facit, neutram istarum absurdiorem censeo. *Plutarch. opera*, p. 430 *in libro de Oraculorum defectu.*

Vide quoque Plutarchum, tom. 2, *opera*, p. 938. D. *de facie in orbe lunæ.*

que nous ne pouvions appercevoir, accomplissoient des révolutions périodiques (a); on voit qu'il entendoit par ces corps terrestres, qui tournoient autour de ces masses de feu, des planètes comme les nôtres, subordonnées à un soleil, & formant avec lui un système solaire.

110. Anaximene tenoit ceci de Thalès; & cette opinion passa de la secte Ionique à la secte Italique, laquelle croyoit (b) que chaque étoile étoit un Monde qui avoit un soleil & ses planètes, & étoit placée dans un espace immense qu'ils appelloient l'éther.

Opinion de la secte Italique.

(a) Ἀναξιμένης πυρίνην μὲν τὴν φύσιν τῶν ἄστρων, περιέχειν δέ τινα καὶ γεώδη σώματα συμπεριφερόμενα τούτοις, ἄορατα. Anaximenes igneam judicavit esse stellarum naturam, sed permista quædam ipsis terrena corpora (circum illas versantia) non aspectabilia. *Stobæus, Eclog. Phys. l. 1, p. 53.*

(b) Ἕκαστον τῶν ἀστέρων κόσμον ὑπάρχειν, γῆν περιέχοντα, ἀέρα τε, καὶ αἰθέρα, ἐν τῷ ἀπείρῳ αἰθέρι. Credebat, stellam quamvis mundum esse, terramque & astra continere, & infinito in æthere collocari. *Plutarch. de Placitis, l. 2, c. 13 & 30.*

Opinion d'Héraclide & des autres Pythagoriciens.

111. Héraclide & tous les Pythagoriciens enseignoient de même que *chaque étoile étoit un Monde, ou un système solaire, qui étoit composé comme le nôtre d'un soleil & de planètes, auxquelles ils paroissoient même accorder un air, une atmosphère, qui les environnoient, & un fluide appellé éther, dans lequel elles étoient soutenues* (*a*). Cette même opinion paroît avoir même encore une origine plus ancienne; on en trouve des traces jusques dans les vers d'Orphée, qui vivoit du temps de la guerre de Troye, & qui avoit enseigné la pluralité des Mondes, qu'Epicure regardoit aussi comme fort probable.

(*a*) Ἡρακλείδης, καὶ οἱ Πυθαγόρειοι, ἕκαστον τῶν ἀστέρων κόσμον ὑπάρχειν, γῆν περιέχοντα, ἀέρα τε, καὶ αἰθέρα, ἐν τῷ ἀπείρῳ αἰθέρι. Ταῦτα δὲ τὰ δόγματα ἐν τοῖς Ὀρφικοῖς φέρεται· κοσμοποιοῦσι γὰρ ἕκαστον τῶν ἀστέρων. Ἐπίκουρος οὐδὲν ἀπογινώσκει τούτων, ἐχόμενος τοῦ ἐνδεχομένου. Heraclides, & Pythagorici *quodlibet sidus mundum esse dixerunt*, qui in infinito æthera contineat. Eadem vero dogmata in orphicis, vel Orphei carminibus efferuntur; Orphici enim *quamlibet stellam in mundum efformant*. Epicurus nihil istorum reprobat, illi, quod fieri potest, insistens. *Plutar. de Placitis. Phil. l. 2, c. 13 ad finem.*

VOIE LACTÉE. 173

112. Origènes dans ses *Philosophume-* *Sentiment*
na (1) traite amplement de l'opinion de *de Démocri-*
te sur le mê-
me sujet.

(a) Ἀπείρους δὲ εἶναι κόσμους, κ̀ μεγέθει διαφέρον-
τας· ἐν τισι δὲ μείζω τῶν παρ᾽ ἡμῖν, καὶ ἔν ἴσοι πλείω· εἶναι
τῶν κόσμων ἄνισα τὰ διαστήματα, κ̀ τῇ μὲν πλείους, τῇ
δὲ ἐλάττους, καὶ τοὺς μὲν αὔξεσθαι, τοὺς δὲ λήγειν. Φθεί-
ρεσθαι δὲ αὐτοὺς ὑπ᾽ ἀλλήλων προσπίπτοντας. εἶναι δὲ ἐνίους
κόσμους ἐρήμους ζώων, κ̀ φυτῶν, κ̀ παντὸς ὑγροῦ. τοῦ
δὲ παρ᾽ ἡμῖν κόσμου πρότερον τὴν γῆν τῶν ἄστρων γενέσθαι.
εἶναι δὲ τὴν μὲν σελήνην κάτω, ἔπειτα τὸν ἥλιον, εἶτα τοὺς
ἀπλανεῖς ἀστέρας· τοὺς δὲ πλάνητας οὐδ᾽ αὐτοὺς ἔχειν ἴσον
ὕψος, ἀκμάζειν δὲ κόσμον ἕως ἂν μηκέτι δύνηται ἔξωθέν
τι προσλαμβάνειν.

Infinitos esse, & magnitudine inæquales mundos,
nonnullos ut sole, sic lunâ destitutos : in quibusdam utrumque majorem nostris, & in aliis plures :
inæqualia inter se mundorum esse intervalla, &
plures alicubi, alibi pauciores. Hos augescere,
illos in vigore esse, vergere quosdam ad interi-
tum ; & hîc quidem nasci, illic vero deficere. In-
teritum alteri ab altero afferri impingendo. Esse
inter cæteros, qui careant animantibus, & plan-
tis, & omni humore. In hoc autem nostro mundo
terram astris priorem emersisse; lunam sede infimam,
solem ultra hanc proximum, stellas fixas remotis-
simas. Neque parem planetis inter se altitudinem.
Florere mundum, usque dùm foris incrementi nihil
adipisci possit amplius. *Origenes in Philosophume-*
nis, c. 13.

Démocrite, de qui il dit, « qu'il enseignoit qu'il y avoit une quantité innombrable de Mondes, inégaux en grandeur, & différens dans le nombre de leurs planètes ; plus ou moins grands que le nôtre, à des distances inégales les uns des autres ; il disoit que quelques-uns étoient habités par des animaux, dont il ne définissoit point la nature ; que quelques-uns n'avoient ni animaux ni plantes, ni rien de ce que nous observons sur notre globe » ; car ce génie vraiment philosophique concevoit que la différente nature des globes entraînoit nécessairement d'autres espèces d'êtres pour les habiter.

Trait d'Alexandre à cet égard. 113. Cette opinion de Démocrite donna lieu à Alexandre de découvrir de bonne heure son ambition démesurée. Elien rapporte (*a*), que ce jeune prince ayant en-

---

(*a*) Οὐ γὰρ δὴ δύναμαι πείθειν ἐμαυτὸν, μὴ γελᾶν, ἐπ' Ἀλεξάνδρῳ τῷ Φιλίππου, εἴγε ἀπείρους ἀκούων εἶναί τινας κόσμους λέγοντος Δημοκρίτου ἐν τοῖς συγγράμμασιν, οὐδὲ ἡνιᾶτο, μηδὲ τῷ ἑνὸς, ᾗ κοινῇ κρατῶν. πόσον δ' ἐπ' αὐτῷ Δημόκριτος ἐγέλασε κ' αὐτὸς, τί δεῖ καὶ λέγειν ; ὦ ἔργον τοῦτο.

Non possum mihi ipsi imperare, quominùs ri-

tendu dire ce que Démocrite enſeignoit de la pluralité des Mondes, il ſe mit à pleurer, s'affligeant de ce qu'il n'en avoit pas encore conquis un ſeul.

114. Il paroît qu'Ariſtote a cru auſſi la même choſe, ainſi qu'Alcinoüs le Platonicien, & Louis Cœlius *de Rovigo* attribue à Plotin d'avoir auſſi admis cette opinion, ſur ce qu'il dit que la terre, comparée (*a*) à tout le reſte de l'univers, eſt comme le moindre des aſtres.

<small>Autres philoſophes qui ont cru la même choſe.</small>

---

deam Alexandrum Philippi filium. Siquidem quùm audiret Democritum in quibuſdam libris infinitos mundos conſtituere, indoluit, quòd ipſe nondùm unius dominium teneret. Quantùm verò eum deriſerit Democritus, quid opus eſt referre? quùm hoc fuerit ei conſuetum, & proprium. *Ælian. Var. Hiſt.*

(*a*) Hic enim, ſicuti accepimus, & meminit in libris de Cœlo & Mundo Ariſtoteles, terram è ſtellis unam eſſe prædicabat : quod in commentatione de Platonis doctrinâ comprobat Alcinoüs, & fortè ſignificavit Plotinus, ubi ait, terram, ſi univerſo comparetur, eſſe veluti punctum, vel quaſi ſtellam quamdam, minimam reliquarum. *Lud. Cœlius Rhodiginus*, L. 1, c. 4. p. 13, 14.

Phavorinus semble indiquer les satellites des planètes.

115. C'étoit sans doute en conséquence d'une telle idée que Phavorinus fondoit sa conjecture bien remarquable sur la possibilité qu'il y eût d'autres planètes que celles que nous connoissons. » Il s'étonnoit » que l'on admît comme une chose cer- » taine qu'il n'y avoit pas d'autres étoiles » errantes ou planètes que celles que les » Chaldéens avoient observées. Il pensoit, » pour lui, que leur nombre étoit plus con- » sidérable que le vulgaire ne le croyoit, » qu'elles se déroboient jusqu'alors à notre » vue «; en quoi il a eu probablement en vue les satellites que l'usage du télescope nous a ensuite fait connoître, & qu'il étoit beau à Phavorinus d'avoir supposés, & d'en avoir, pour ainsi dire, annoncé la découverte (*a*).

――――――

(*a*, Præterea mirabatur Phavorinus) id cuiquam pro percepto liquere, stellas istas, quas à Chaldæis, & Babyloniis, sive Ægyptiis observatas ferunt (quas multi erraticas, Nigidius errones vocat,) non esse plures, quam vulgo dicerentur. Posse enim fieri existimabat, *ut & alii quidam planetæ essent... neque eos tamen homines cernere possint.* Aulus Gellius, *l.* 14, c. 1.

116. Quoique

VOIE LACTÉE. 177

116. Quoique l'on ne regarde pas les tourbillons de Descartes comme un système fondé sur des principes solides, cependant comme il a quelque chose d'ingénieux & de brillant, & qu'il a été reçu d'abord avec beaucoup d'applaudissemens, il mérite d'être mis au rang des opinions qui font honneur aux Modernes, ou plutôt qui font honneur aux Anciens, chez lesquels, malgré toute l'apparence de nouveauté que porte avec soi ce système, il paroit avoir été puisé. En effet Leucippe, & après lui Démocrite, avoient enseigné, que (a) le mouvement & la formation

Tourbillons de Descartes connus des Anciens.

―――――――――――――――――――

a) Γίνεσθαι ϑ τοὺς κόσμους οὕτω· φέρεσθαι κατ' ἀποτομὴν ἐκ τῆς ἀπείρου πολλὰ σώματα, παντοῖα τοῖς σχήμασιν, εἰς μέγα κενόν. ἅπερ ἀθροισθέντα δίνην ἀπεργάζεσθαι μίαν, καθ' ἣν προσκροόντα καὶ παντοδαπῶς κυκλούμενα, διακρίνεσθαι χωρὶς τὰ ὅμοια πρὸς τὰ ὅμοια. ἰσορρόπων ϑ διὰ τὸ πλῆθος μηκέτι δυναμένων περιφέρεσθαι, τὰ μὲν λεπτὰ χωρεῖν εἰς τὸ ἔξω κενόν, ὥσπερ διαττόμενα· τὰ λοιπὰ συμμένειν, ϗ περιπλεκόμενα συγκατατρέχειν ἀλλήλοις, ϗ ποιεῖν πρῶτον σύστημα σφαιροειδές. τοῦτο ϑ οἷον ὑμένα ὑφίστασθαι, περιέχοντα ἐν ἑαυτῷ παντοῖα σώματα· ὧν κατὰ τὴν τοῦ μέσου ἀντέρεισιν περιδινουμένων, λεπτὸν γίνεσθαι τὸν πέριξ ὑμένα, συρρεόντων ἀεὶ τῶν συνεχῶν κατ' ἐπι-

Partie I. M

» des corps célestes avoient été produits

ψαύσιν τῆς ἕλης. καὶ οὕτω γενέσθαι τὴν γῆν, συμμενόντων τῶν ἐνεχθέντων ἐπὶ τὸ μέσον. αὐτόν τε πάλιν τὸ περιέχοντα, οἷον ὑμένα, αὔξεσθαι κατὰ τὴν ἐπέκρυσιν τῶν ἔξωθεν σωμάτων· δίνῃ τε φερόμενον αὐτὸν ὧν ἂν ἐπιψαύσῃ, ταῦτα ἐπικτᾶσθαι.

Sic autem fieri mundos : ex infinito per abscissionem, multa corpora, figuris omnigena, in magnum vacuum ferri, eaque in unum coacta unam vertiginem efficere, secundùm quam offendere, ac circumvolvi modis omnibus, atque ita discerni, ut seorsùm similia, quæ sunt sui similia, petant. Cæterùm æquilibria cùm ob multitudinem minimè tam circumferri possint, *exilia quidem ad exterius vacuum contendere velut dissultantia : cætera consistere, & innexa, atque in se implicata invicem concurrere, atque primam quandam concretionem efficere rotundam.* Hanc autem veluti membranam absistere, continentem in se omnigena corpora, quæ dùm secundùm medii reluctationem circumvolvuntur, tenuem per gyrum membranulam fieri, juxta vertiginis tractum contiguis corporibus semper confluentibus : *Atque ita fieri terram, dùm juncta manent, quæ ad medium ferebantur.* Ipsumque rursus continentem, membranæ instar, augeri juxta externorum influentiam corporum, & cùm vertigine fertur quacunque attigerit, ea acquirere. Diog. Laert. L. 9, Sect. 31 & seq. & Sect. 44.

» par une quantité infinie d'atômes de tou-
» tes sortes de figures, qui s'étant rencon-
» trés & accrochés ensemble, formerent
» des tourbillons, lesquels venant à s'agi-
» ter & tournoyer en tous sens, les corps
» subtils qui en faisoient partie, s'échappè-
» rent vers les bornes de la circonférence
» de ces tourbillons ; & les autres, moins
» subtils (parties d'un élément plus gros-
» sier) restèrent vers le centre, & formè-
» rent des concrétions sphériques, qui sont
» les planetes, la terre & le soleil : ils di-
» soient que ces tourbillons étoient tous
» emportés par la rapidité d'une matiere
» fluide, dont la terre étoit le centre ; &
» que chaque astre se mouvoit avec d'au-
» tant moins de violence qu'il étoit plus
» près du centre : ils disoient encore que
» la vîtesse avec laquelle ces tourbillons
» tournoient, faisoit que le plus rapide &
» le plus fort entraînoit avec lui les autres
» corps ou planetes qui se trouvoient en-

Vide & Hesychium in Leucippo. Voyez Bayle, article LEUCIPPE.

» gagées dans son voisinage & se les appro-
» prioit ».

Autre principe de Descartes connu de Leucippe.

117. Le premier de ces deux philosophes paroît aussi avoir connu le grand principe de Descartes, que *les corps qui tournent tendent à s'éloigner du centre & à s'en échapper par la tangente.*

CHAPITRE VIII.

Du Systême des Couleurs, du Chevalier NEWTON, indiqué par PYTHAGORE & par PLATON.

118. LE systême si merveilleux de la séparation des différentes couleurs homogènes qui composent la lumiere, suffiroit pour établir à jamais la gloire du chevalier Newton, & faire seul l'éloge de la sagacité extraordinaire de ce grand homme. Cette découverte sembloit par son importance être réservée à un âge où la philosophie fût dans toute sa maturité ; cependant il s'est trouvé des hommes célèbres parmi les premiers philosophes, dont le génie n'a pas eu besoin de l'expérience de plusieurs siécles pour se former, & qui en ont donné des preuves frappantes dès la naissance des sciences. Pythagore & Platon sont de ce nombre. Il paroît que le premier, & ses disciples après lui, ont eu des idées assez justes de la cause des couleurs : ils ont en-

Sentiment des Pythagoriciens sur les couleurs.

182 SYSTEME DES COULEURS,

seigné qu'elles n'étoient autre chose qu'une réflexion de la lumiere, modifiée de différentes manieres (*a*) ; ce qu'un auteur moderne (en expliquant ce sentiment des Pythagoriciens) interprète : *une lumiere qui se réfléchit avec plus ou moins de vivacité, & forme par-là les sensations des diverses couleurs* (*b*). Ces mêmes philosophes de l'école de Pythagore, *rendoient raison de la différence des couleurs, en les faisant naître d'un mélange des élémens de la lumiere* (*c*) ;

(*a*) Ἕτεροι κατά τινων ἀκτίνων ἔκκρισιν, μετὰ τὴν πρὸς τὸ ὑποκείμενον ἔνσασιν πάλιν ὑποστρεφουσῶν πρὸς τὴν ὄψιν. Alii (i. e. Pythagorici) videre nos arbitrantur propter quorundam radiorum incursum, qui postquàm objectæ rei infixi sunt, rursùs ad visum convertantur. *Plutarch. de Placit. philosoph. L.* 4, c. 13. *Stobæus Ecl. Phys. p.* 35. Aristarchus colores esse lucem in subjectas res incidentem.

(*b*) Colonne, *Principes de la Nature*, t. 1, p. 220.

(*c*) Τὰς δὲ διαφορὰς τῶν χρωμάτων παρὰ τὰς ποιὰς μίξεις τῶν στοιχείων. Colorumque discrimina ex variis elementorum mixturis oriri. *Plutarch. ibid. L.* 1, c. 15. Gassendi, *Epic. Philos. Syntagm.* c. 15, p. 21, col. 2. Aristotel. *de Gen. & Corrup. Lib.* c. 2, pag. 496. E. Lucretius, *de nat. rer. Lib.* c. — 754, 794.

& dépouillant les atômes, ou les petites particules de la lumiere, de toute couleur naturelle, ils enseignoient que les sensations de toutes les couleurs étoient produites en nous par les différens mouvemens excités dans les organes de notre vue (a).

119. Platon semble aussi avoir entrevu le système du chevalier Newton sur les couleurs, lorsqu'il dit qu'elles sont l'effet

---

Proindè colore cave contingas semina rerum.
.... at variis sunt prædita formis
E quibus omnigenos gignunt, variantque colores.
Vid. & Diogen. Laert. *Lib.* 10, *Sect.* 44 *totâ.* Exponit locum citatum Aristotelis Thomas in Comm. suis in Lib. de Gener. & Corrupt. *Lib.* 1, *p.* 4, *col.* 1, & Averroës in eund. loc. *p.* 156. *col.* 1.

(a) Οἱ δὲ τὰ ἄτομα πάντα συλλήβδην ἄχροα, ἐξ ἀποίων δὲ λόγων θεωρητῶν τὰς αἰσθητὰς ὑποφαίνουσι γίγνεσθαι ποιότητας. Alii cunctas atomos colore carere, de quibusdam autem qualitatis expertibus ratione contemplandis qualitates sensus moventes existere. Stobæus Eclog Phys. Lib. 1, p. 35.

Claudian. in Panegyride de Consulatu Mullii Theodoreti, v. 105.

Sitne color proprius rerum, *lucisne repulsâ*
Eludant aciem.

M iv

184 *SYSTEME DES COULEURS,*

<small>Platon paroit avoir connu la théorie Newtonienne des couleurs.</small>

de la lumiere renvoyée par les corps, & laquelle a de petites particules proportionnées à l'organe de la vue (*a*); car n'est-ce pas là précisément ce que M. Newton a enseigné (*b*) : » Que les différentes sensa-
» tions de chaque couleur particuliere sont
» excitées en nous par la différence de la
» grosseur des petites particules de lu-

(*a*) Πλάτων Φλόγα ἀπὸ τῶν σωμάτων, σύμμετρα μόρια ἔχουσαν πρὸς τὴν ὄψιν. Plato colores esse fulgorem à corporibus exeuntem partes visui commensuratas habentem, dixit. *Plutarch. de Placitis Philos. L.* 1, *cap.* 15, *P.* 32.

Ἀ ξύμπαντα μὲν χρόας ἐκαλέσαμεν, Φλόγα τῶν σωμάτων ἑκάστων ἀποῤῥέουσαν, ὄψει σύμμειξα μόρια ἔχουσαν πρὸς αἴσθησιν. *Est autem color nihil aliud, quàm fulgor è singulis corporibus defluens, partes habens visui ad sentiendum accommodatas.* Platonis Timæus, *tom.* 3, *p* 67. C. Vid. & *Platonem in Menone*, *tom.* 2, *p.* 76, C. D. Esse quasdam defluxiones rerum & meatus in quos & per quos illæ defluxiones manent.... e defluxionibus autem alias quidem meatuum nonnullis convenire, alias vero majores, sive minores esse. *Vid. imprimis eundem Philosophum in Theetet. tom.* 1, *p.* 156, & *notam in margine.*

(*b*) *Optices Lib.* 3. *Quæst.* 13, & *pag.* 46. *Edit. Patav. in Definitione, Lib.* 1, *Part.* 2.

» miere, dont chaque rayon eſt formé ;
» leſquelles petites particules donnent l'i-
» dée des diverſes couleurs, ſuivant la vi-
» bration plus ou moins vive avec laquelle
» nos organes en ſont affectés » ? Le même
philoſophe a été plus loin ; il eſt entré dans
le détail de la compoſition des couleurs (*a*);
il a été juſqu'à rechercher *quelles étoient
celles qui devoient provenir du mélange des*

(*a*) Τὴν δ' ἐξυτέραν φορὰν, ϰ. γένους πυρὸς ἑτέρου
προσπίπτουσαν κ, διακρίνουσαν τὴν ὄψιν μέχρι τῶν ὀμμάτων,
αυτάς τε τ̃ ὀφθαλμῶν ἴσας διεξόδους βίᾳ διαστοίσαν καὶ
τήκουσαν..... κ̃, τῶν μὲν ἐκπιπτέντες πυρός, οἷον ἀπ' ἀστρα-
πῆς... παντοδαπῶν ἐν τῇ κινήσει ταύτῃ γιγνομένων χρωμάτων, μαρμαρυγὰς μὲν τὸ πάθος προσείκουσιν, τὸ δὲ
τοῦτο ἀπεργαζόμενον, λαμπρόν τε καὶ στίλβον ἐπωνομά-
σαμεν.

Motionem vero acutiorem, generiſque alterius
ignis, incidentem, diſcernentemque viſum ad
oculos uſque, ipſorumque oculorum quaſi divor-
tia, atque meatus vi compellentem..... Et quùm
unus quidem ignis velut è coruſcatione quâdam exi-
lit.... multiplices in hâc agitatione colores exiſtunt,
illamque affectionem coruſcationem, ſive emica-
tionem vocamus : illud verò, quod eam efficit,
ſplendidum, atque coruſcum. *Idem ibid. & pag.*
68. *A. B.*

différentes couleurs dont la lumiere est composée (a); & ce qu'il avance un peu après: qu'il n'étoit pas au pouvoir de l'homme de déterminer au juste en quelle proportion étoit le différent mélange de certaines couleurs (b),

---

(a) Ἐρυθρὸν δὲ δὴ μέλανι λευκῷ τε κράσει, ἀλουργὸν· ὄρφνινον δὲ, ὅταν τούτοις μεμιγμένοις καυθεῖσί τε, μᾶλλον συγκραθῇ μέλαν· πυῤῥὸν δὲ, ξανθοῦ τε καὶ φαιοῦ κράσει γίγνεται· φαιὸν δὲ, λευκοῦ τε κ̣ μέλανος· τὸ δὲ ὠχρὸν, λευκοῦ ξανθῷ μεμιγμένου· λαμπρὸν δὲ, λευκῷ ξυνελθὸν, κ̣ εἰς μέλαν καταχορὲς ἐμπεσὸν, κυανοῦν χρῶμα ἀποτελεῖται· κυανοῦ δὲ λευκῷ κεραννυμένου, γλαυκόν· πυῤῥοῦ δὲ μέλανι, πράσιον.

Rubeus cum nigro, & albo mixtus purpureum facit: pullus verò nascitur color, cum his mixtis, & inustis nigrum vehementius inoleverit; fulvus, flavi, fuscique temperatione existit; fuscus verò nigri, & albi; pallidus, albi fulvo mixti; splendidus autem, albo adjunctus, & confertim nigro offusus. cæruleum efficit: cærulei verò cum albedine mixtio, glaucum: fulvi cum nigro temperatio colorem viridem facit. *Plat. Timæus*, *tom.* 3. *p.* 68. *B. C.*

(b) Τὸ δ' ὅσον μέτρον ὅσοις, οὐδ' εἴ τις εἰδείη, νοῦν ἔχοι τὸ λέγειν ἂν μ.τε τινὰ ἀνάγκην, μήτε τὸν εἰκότα λόγον καὶ μετρίως ἂν τις εἰπὼν εἴη δυνατός. Quâ verò mensurâ, quove modo singula singulis misceantur, ne si qui-

fait assez voir qu'il avoit une idée nette de cette théorie, mais qu'il jugeoit presque impossible de la développer ; & c'est ce qui lui fait ajoûter, que *Si quelqu'un parvenoit à connoître la proportion de ce mélange, il ne devroit pas hazarder de le découvrir, parce qu'il ne seroit pas possible de pouvoir le démontrer par des raisons évidentes & nécessaires ;* quoiqu'il crût que *l'on pourroit établir des règles sûres sur ce sujet, si l'on parvenoit, en suivant & imitant la Nature, à former diverses couleurs par un mélange combiné d'autres couleurs* (a) : & il ajoûte ensuite ce qui peut être regardé comme le plus grand éloge qui ait jamais été fait du chevalier Newton : » *Oui*, s'écrioit ce beau

---

dem noverit aliquis, commemorare prudentis est : præsertim quùm neque necessariam, neque verisimilem de his rationem afferre quis ullo modo possit. Idem ibid. 3.

(a) Τὰ ϟ ἄλλα, ἀπὸ τούτων ϟιδὸν ἄλλα, αἷς ἐν ἀξιώμασι μένα μείζοσι διακράζει τὴν εἰκότα ὑπόσον. Alii porrò colores horum indicatione manifesti : *ex quorum mixtionibus varias formas repræsentant, ac proindè consentaneam quamdam sequuntur differendi rationem.* Idem ibid. c. 1.

génie de l'Antiquité ; *si quelqu'un entreprenoit jamais de rendre raison, par de curieuses recherches, de ce méchanisme admirable, il feroit bien voir par-là qu'il ignore entiérement la différence qu'il y a entre le pouvoir de l'homme & le pouvoir de Dieu : car Dieu peut, il est vrai, faire un mélange de plusieurs choses en une, & il peut ensuite les séparer comme il lui plaît, parce qu'il sçait tout, & peut tout en même temps ; mais il n'y a point d'homme aujourd'hui, & il n'y en aura peut-être jamais qui puisse venir à bout d'accomplir deux choses aussi difficiles* (a).

(a) Εἰ δέ τις τούτων ἔργῳ σκοπούμενος βάσανον λαμβάνοι, τί τῆς ἀνθρωπίνης καὶ θείας φύσεως ἠγνοηκὼς ἂν εἴη διάφορον· ὅτι Θεὸς μὲν τὰ πολλὰ εἰς ἓν ξυγκεραννύναι, καὶ πάλιν ἐξ ἑνὸς εἰς πολλὰ διαλύειν ἱκανός, ὡς ἐπιστάμενος ἅμα καὶ δυνατός· ἀνθρώπων δὲ οὐδεὶς οὐδέτερα τούτων ἱκανὸς οὔτε ἔστι νῦν, οὔτ' εἰσαῦθίς ποτ' ἔσται.

Quod si quis hæc ita ratione consideraverit, ut re ipsâ experimentum capere velit, ille nimirùm humanæ, & divinæ naturæ discrimen ignoraverit. *Deum videlicet multa in unum commiscere, & rursùs ex uno in multa posse dissolvere ; quippe qui id ipsum & sciat, & possit.* Mortalium autem homi-

Quel éloge que ces paroles dans la bouche d'un philosophe tel que Platon, & quelle gloire pour celui qui a entrepris avec succès de démontrer des choses qui paroissoient impraticables à ce prince des philosophes ! mais aussi quelle grandeur de génie, quelle pénétration dans les secrets les plus intimes de la Nature, que celle qui a fait dire à Platon tout ce que nous venons de rapporter sur la nature & la théorie des couleurs, dans un temps où la philosophie étoit encore dans son enfance !

120. Quoique le système de Descartes sur la propagation de la lumiere en un instant ne soit gueres reçu à présent de la plûpart des philosophes, depuis que MM. Cassini & Romer ont découvert que son mouvement étoit progressif ; cependant, comme ce système a prévalu pendant long-temps, & que l'on en fit alors tout l'honneur à Descartes, il n'est pas mal-à-propos de faire voir en peu de mots qu'il pou-

Système de Descartes sur les couleurs.

---

num nemo neque hoc tempore, neque in posterum, alterutrum queat. *Plat. Timæus*, p. 68. D.

voit avoir puisé cette idée dans Aristote & ses commentateurs. Le sentiment du philosophe moderne est, que la lumiere n'est autre chose que l'action d'une matiere subtile sur les organes de la vue ; cette matiere subtile étant supposée remplir tous les espaces, depuis le soleil jusqu'à nous, la premiere de ces petites parties de la matiere étant pressée par le soleil, & ne pouvant céder sans que toutes les autres ne cédent au même instant, tous ces globules, qui sont contigus depuis nos yeux jusqu'au soleil, où ils sont agités & frappés, ne peuvent que nous communiquer son mouvement en un instant. Pour rendre la chose plus sensible, Descartes se sert de la comparaison d'un bâton (a), lequel ne peut être pressé & poussé d'une ligne de distance, sans que l'autre bout, qui est continu, ne soit pressé également. Quiconque voudra se donner la peine de lire avec attention ce qu'Aristote a dit sur la lumiere, & ne pas s'en rapporter aux in-

---

(a) Descartes, Dioptrique, *Ch.* 1, *Sect. 3.*

terprétations ridicules que quelques-uns ont faites de ses paroles, verra clairement qu'il n'étoit pas si éloigné qu'on le pense de la vérité; il la définit: l'action d'une matiere subtile, pure & homogène (*a*); & Philoponus, voulant expliquer la maniere dont se fait cette action, se sert de l'exemple d'une corde extrêmement longue, laquelle, si quelqu'un la tire par une de ses extrémités, sera mue dans le même instant à l'extrémité opposée à cause de la continuité de ses parties (*b*). Il compare dans le même endroit le soleil à l'homme qui remue la corde, la matiere à la corde, & l'action momentanée au mouvement de cette corde. Simplicius, dans son Commentaire sur le même passage d'Aristote, em-

---

(*a*) Aristotel. de Animâ, *Lib.* 2. *cap.* 7. *p.* 638. φῶς δέ ἐστιν ἡ ἐνέργεια τοῦ διαφανοῦς. & Stobæus Eclog. Physic. *Lib.* 1, p. 35. Aristotel. dicit lucem esse, ὕλην εἶναι διαθερμαντικὴν καθαρὰν κỳ ἀμιγῆ.

(*b*) Philoponus de Animâ *Lib.* 2, *text.* 69, *p.* 123, *col.* 1. Quemadmodùm si quis funis longi & extensi summum moverit, totus funis sine tempore movetur ἀχρόνως propter partium continentiam.

192 SYST. DES COULEURS, &c.

ploie précisément l'idée du mouvement d'un bâton pour exprimer comment la lumiere, pressée par le soleil, doit agir dans le même instant sur les organes de la vue (a). Cette comparaison du bâton, pour donner l'idée de la vîtesse avec laquelle se communique la lumiere, paroît avoir été employée premierement par Chrysippe (b).

(a) Καθάπερ ὁ μοχλὸς τὸν λίθον ὑπὸ τῆς χειρὸς κινούμενος. Simplicius de Animâ. *Lib.* 2. *text.* 74. *p.* 37. *Edit. Aldi.*

(b) Ὡς διὰ βακτηρίας οὖν τοῦ ταθέντος ἀέρος τὸ βλεπόμενον ἀναγκάζεσθαι. Diogenes Laert. *Lib.* 7. *Sect.* 15. Vid. & *Plutarch. de Placitis Philos. Lib.* 4. *cap.* 15.

CHAP. IX.

CHAPITRE IX.

Systême de COPERNIC; *mouvement de la terre autour du soleil;* Antipodes.

121. VOICI encore quelques autres vérités, jadis enseignées par les Anciens, & enfin adoptées par les Modernes, après avoir éprouvé le sort de beaucoup d'autres, & avoir été hautement rejettées & condamnées. Le mouvement de la terre autour du soleil, & les Antipodes ont été connus de bonne heure, presque toujours reçus avec mépris, ou tournés en ridicule, & ces opinions ont été quelquefois même dangereuses à ceux qui les ont soutenues. Toutes deux cependant sont à présent confirmées & généralement approuvées; & nous allons ainsi peu-à-peu rétablissant depuis deux siécles les anciennes opinions les plus célèbres, sans cependant diminuer le moins du monde de cette affectation de méconnoître des vérités ou des opinions que nous devons à ceux qui les ont enseignées les premiers.

Conduite des Modernes à l'égard des Anciens.

Partie I.   N

Le système de Copernic appartient aux Anciens.

122. Le système du monde le plus raisonnable, & le plus conforme à toutes les observations est sans doute celui de Copernic, qui place le soleil dans le centre du monde, les étoiles fixes dans les extrémités, & fait mouvoir la terre & les autres planètes dans cet espace qui est entre les étoiles fixes & ces planètes ; & qui attribue à la terre non-seulement un mouvement diurne autour de son propre axe, mais encore un mouvement annuel. Ce système est le plus simple & explique le mieux tous les phénomènes des planètes, & sur-tout les stations, les rétrogradations & les directions de Mars, Jupiter & Saturne ; & on a lieu d'être surpris qu'un système si clairement enseigné par les Anciens ait pris son nom d'un philosophe moderne. Pythagore, Philolaüs, Nicétas de Syracuse, Platon, Aristarque & plusieurs autres parmi les Anciens ont, en mille endroits, parlé de cette opinion : Diogène de Laërce, Plutarque & Stobée nous ont transmis avec précision leurs idées là-dessus; & si on ne l'a pas admis plutôt, cela ne

doit s'attribuer qu'à la force du préjugé, qui nous faisant toujours décider de la nature des choses sur les apparences, nous a toujours éloignés d'un système qui est plus du ressort de la raison que de celui de nos sens, au témoignage desquels il se refuse.

123. Pythagore croyoit que la terre étoit mobile, & n'occupoit point le centre du monde, mais qu'elle avoit un mouvement circulaire autour de la région du feu (*a*), par laquelle il entendoit le soleil, & for-

<small>Pythagore paroît être le premier qui l'ait enseigné.</small>

(*a*) Πυθαγορικοὶ τὴν γ γῆν, ὅτι ἀκίνητον, ὅτι οὐ μέσῳ τῆς περιφορᾶς οὔσαν, ἀλλὰ κύκλῳ περὶ τὸ πῦρ αἰωρουμένην, κτε τῶν πρωτολάτων, κδὲ τῶν πραγμάτων τῦ κόσμου μορίων ὑπάρχειν. Pythagorei Terram non putant immobilem, neque mediam tenere regionem globi, sed *esse in gyrum* circum ignem suspensam, neque numerari inter Elementa Mundi præcipua, *& prima*. Plutarchi opera *tom.* 1, *p.* 67. D. *in Numâ. Vid. eundem de Placitis Philosophorum L.* 3, *cap.* 13. *Clem. Alex. Strom. L.* 5. *p.* 556; *& Aristotel. de Cælo. L.* 2. *c.* 13 & 14. Theon Smyrnæus ait tradi ab Eudemo in historiâ Astrologicâ Anaximandrum invenisse; ὅτι ἔστιν γῆ μετέωρος καὶ κινεῖται περὶ τὸ τοῦ κόσμου μέσον. Quòd Terra sit in sublimi pendens & moveatur circa mundi medium.

moit ainsi les jours & les nuits. On dit que Pythagore avoit appris cette doctrine chez les Egyptiens, qui représentoient le soleil sous l'emblême d'un escarbot, parce qu'il passe six mois sous la terre, & les six autres mois au-dessus; ou bien parce qu'ils avoient observé que cet insecte forme une boule de ses excrémens, & se couchant ensuite sur le dos, fait mouvoir avec ses pattes cette boule en cercle autour de lui.

Philolaüs l'a fait connoitre.

124. Quelques-uns, entr'autres Diogene de Laërce, attribuent cette opinion à Philolaüs (a), disciple de Pythagore : mais il paroît qu'il n'a eu que le mérite de l'avoir divulguée le premier, ainsi que plusieurs autres opinions de son école; car Eusebe affirme expressément que Philo-

---

(a) Φιλόλαος γῆν κύκλῳ περιφέρεσθαι περὶ τὸ πῦρ, κατὰ κύκλου λοξοῦ, ὁμοιοτρόπως ἡλίῳ, καὶ σελήνῃ. Philolaüs opinatur *Terram in orbem circa mundanum ignem per obliquum circulum* (*i. e. Zodiacum*) *circumferri instar solis & lunæ.* Stobæus, p. 51, *Ecl. Phys. L.* 1. *Plutarch. de Placitis, L.* 3, *c.* 11 & 13. Vid. & *Diogenem Laërtium, L.* 8. *Sect.* 85. *Euseb. Præpar. Evangelic. p.* 519.

laüs avoit le premier exposé par écrit le système de Pythagore. Philolaüs ajoutoit que la terre parcouroit un cercle oblique, par lequel il entendoit sans doute le zodiaque.

125. Plutarque semble insinuer que Timée de Locres, aussi disciple de Pythagore, avoit eu la même opinion; & que lorsqu'il disoit que les planètes étoient animées, & qu'il les appelloit les différentes mesures du temps, il ne vouloit rien dire de plus, sinon (a) » que le soleil, la lune

Sentimens de Timée de Locres, d'Aristarque & de Séleucus.

(a) Πῶς λέγει τὰς ψυχὰς ὁ Τίμαιος εἴς τε γῆν καὶ σελήνην, καὶ τὰ ἄλλα ὅσα ὄργανα χρόνε σπαρῆναι; πότερον ὥσπερ οἴεται τὴν γῆν ὥσπερ ἥλιον, καὶ σελήνην, καὶ τοὺς πέντε πλανήτας, οὓς ὄργανα χρόνε, διὰ τὰς τροπὰς προσηγόρει; καὶ ἰδὲ τὴν γῆν ἰλλομένην περὶ τὸν διὰ πάντων πόλον τεταγμένον, μὴ μεμηχανῆσθαι συνεχομένην, καὶ μένουσαν, ἀλλὰ στρεφομένην, καὶ ἀνειλουμένην νοεῖν; ὡς ὕστερον Ἀρίσταρχος, καὶ Σέλευκος, ἀπεδείκνυσαν.

Quomodò ait Timæus animas in terram, Lunam, & quæ alia sunt instrumenta temporis dispersas esse? An hoc modo moveri statuebat terram, quo solem, lunam, & quinque planetas, quos conversionum causâ appellat instrumenta temporis? & oportuit terram devinctam circa axem

» & les autres planètes servoient à mesu-
» rer le temps par leurs révolutions, &
» que la terre ne devoit pas être imaginée
» toujours stable dans le même lieu, mais
» mobile & dans un mouvement circulaire,
» comme Aristarque de Samos & Séleucus
» l'ont enseigné depuis.

Exposition du sentiment d'Aristarque.

126. Cet Aristarque de Samos vivoit environ trois cents ans avant Jesus-Christ, & fut un des principaux défenseurs de l'opinion du mouvement de la terre. Archimede, dans son livre *de Arenario*, nous apprend » qu'Aristarque écrivant sur ce » sujet contre quelques philosophes de son » temps, avoit placé le soleil immobile » dans le centre d'un orbite qu'il faisoit » parcourir à la terre par un mouvement » circulaire (*a*) »; & Sextus Empiricus cite

---

universi, *non ita fabricatam intelligi, ut uno contenta loco maneret, sed quæ converteretur, & circumageretur ? postmodò Aristarchus, & Seleucus ostenderunt.* Plutarch. tom. 2, p. 1006. C.

(*a*) Ταῦτα γὰρ ἐν τοῖς γραφομένοις παρὰ τῶν Ἀστρολόγων Ἀρχιμήδης Ἀρίσταρχος ὁ Σάμιος, ὑποθέσεών τινων ἐξέδωκε γράψας, ἐν αἷς, ἐκ τῶν ὑποκειμένων συμβαίνει

aussi Aristarque comme un de ceux qui ont soutenu principalement cette opinion (*a*).

127. Il y a aussi un autre passage dans Plutarque, par lequel il paroît que Cléan-

Passage de Plutarque sur Aristarque, qui doit être corrigé.

τὸν κόσμον πολλαπλάσιον ἢ μὲν τοῦ νῦν εἰρημένου. Υ᾽ποτίθεται γὰρ τὰ μὲν ἀπλανῆ τῶν ἄστρων, καὶ τὸν ἥλιον μένειν ἀκίνητον· τὴν δὲ γῆν περιφέρεσθαι περὶ τὸν ἥλιον, κατὰ κύκλου περιφέρειαν, ὅς ἐστιν ἐν μέσῳ τῷ δρόμῳ κείμενος. Id est, Friderico Commandino interprete: *Hæc igitur in iis, quæ ab Astrologis scripta sunt, redarguens Aristarchus Samius, positiones quasdam edidit; ex quibus sequitur mundum proximè dicti mundi multiplicem esse. Ponit enim stellas inerrantes, atque solem immobiles permanere: terram ipsam circumferri circa solem, secundùm circumferentiam circuli, qui est in medio cursu constitutus.* Meminit Archimedes in Psamnite, p. 449.

(*a*) Οἵ γε μὴν τὴν τῦ κόσμου κίνησιν ἀνελόντες, τὴν δὲ γῆν κινεῖσθαι δοξάσαντες, ὡς οἱ περὶ Ἀρίσαρχον τὸν Μαθηματικόν, ἐ κωλύονται νοεῖν χρόνον. Τοίνυν ἕτερον εἶναι λεκτέον τὸν χρόνον, καὶ ἐ ταὐτὸν τῇ τῦ κόσμου κινήσει.

Iis quidem certè, qui mundi motum sustulerunt, *terram autem moveri sunt opinati*, ut Aristarchus Mathematicus, nihil hoc obstat, quominùs tempus mente concipiant. Aliud ergò dicendum est esse tempus, & non idem, quod motum mundi. *Sextus Empiricus*, p. 663. Sect. 174.

the accufoit Ariftarque d'impiété & d'irreligion, de ce qu'il troubloit le repos de Vefta & des Dieux Lares de l'univers, parce qu'il vouloit rendre raifon des phénomènes qui arrivent dans le cours des planètes, en enfeignant que le ciel ou le firmament où font placées les étoiles fixes, étoit immobile, & que la terre parcouroit un orbite circulaire fur une ligne oblique, & accompliffoit en même temps un mouvement de rotation fur fon axe; fur quoi il faut obferver qu'il y a une faute dans le texte de Plutarque que tous les commentateurs conviennent qu'il faut corriger en lifant *Cléanthe*, au lieu où l'on lit *Ariftarque* (a).

___

(a) Μόνον, εἶπεν, ὦ τᾶν, μὴ κρίσιν ἡμῖν ἀσεβείας ἐπαγαγέλης· ὥσπερ Ἀρίσταρχος ᾤετο δεῖν Κλεάνθη τὸν Σάμιον ἀσεβείας προκαλεῖσθαι τοὺς Ἕλληνας, ὡς κινοῦντα τοῦ κόσμου τὴν ἑστίαν, ὅτι φαινόμενα σώζειν ἀνὴρ ἐπειρᾶτο, μένειν τὸν οὐρανὸν ὑποτιθέμενος, ἐξελίττεσθαι δὲ κατὰ λοξοῦ κύκλου τὴν γῆν, ἅμα καὶ περὶ τὸν αὑτῆς ἄξονα δινουμένην. Heus tu, inquit, noli nos impietatis reos facere, eo pacto, quo Ariftarchus putavit Cleanthem Samium violatæ Religionis à Græcis debuiffe

DE COPERNIC.

128. Théophraste, cité par Plutarque, a écrit dans une histoire de l'astronomie qui n'est pas parvenue jusqu'à nous, que Platon, qui avoit toujours enseigné que le soleil tournoit autour de la terre, revint de cette erreur dans un âge plus avancé, & se repentit de n'avoir pas placé le soleil dans le centre du monde, comme le lieu qui convenoit le plus à cet astre; & d'y avoir placé la terre (*a*), contre l'or-

Platon dans sa vieillesse adopte l'opinion du mouvement de la terre.

---

postulari, tanquam si universi Lares, Vestamque loco movisset: quòd is homo conatus ea, quæ in cœlo apparent tutari certis ratiocinationibus, posuisset cœlum quiescere, *terram per obliquum evolvi circulum, & circa suum versari interim axem.* Plutarchus de facie in orbe lunæ, p. 922, 923.

(*a*) Θεόφραστος ὃ καὶ προσιστορεῖ τῷ Πλάτωνι πρεσβυτέρῳ γενομένῳ μεταμελεῖν ὡς ἐ προσήκουσαν ἀποδόντι τῇ γῇ τὴν μέσην χώραν τῇ παντός. Theophrastus porrò etiam id narrat, *Platonem jam natu grandem pœnitentiâ fuisse ductum, quòd terram in medio universi non suo loco collocavisset.* Plutarch. opera, tom. 2, p. 1006. C.

Ταῦτα ὃ καὶ Πλάτωνα φασὶ πρεσβύτην γενόμενον διανοεῖσθαι περὶ τῆς γῆς, ὡς ἐν ἑτέρᾳ χώρᾳ καθισταμένης, τὴν ὃ μέσην καὶ κυριωτάτην ἑτέρᾳ τινὶ κρείττονι προσήκουσαν.

dre le plus naturel : & il n'eſt pas étonnant que Platon ſoit revenu à cette opinion, en ayant été imbu de bonne heure dans les écoles de deux célèbres Pythagoriciens, Archytas de Tarente, & Timée de Locres; comme on le voit dans l'apologie des chrétiens par S. Jerôme contre Rufin.

Antipodes connus de pluſieurs anciens philoſophes.

129. L'opinion que la terre étoit ronde, habitée en tout ſens, & que par conſéquent il y avoit des Antipodes dont les pieds étoient oppoſés aux nôtres, eſt encore une des plus anciennes vérités enſeignées en philoſophie. Diogène de Laërce dit, dans un endroit de ſon hiſtoire, que Platon étoit le premier qui eût nommé Antipodes les habitans de la terre qui nous ſont oppoſés. Il ne veut pas dire que Platon ait

---

Eadem Platonem volunt jam ſenem ſenſiſſe de terrâ, *alio eam loco reponentem*, medium verò domicilium alteri cuipiam attribuiſſe præcellentiori. *Idem in vitâ Numa.*

Vide & Euſebium, Præp. Evang. Lib. 15. cap. 8... Plotin. Ennead 2. L. 2, c. 1. Corſin. *in Plutarch.* de Placitis Philoſ. Differt. 2, p. 31.

enseigné le premier cette opinion; mais seulement qu'il a le premier employé le mot d'*Antipodes*; car dans un autre endroit le même Diogène de Laërce cite Pythagore comme auteur de cette opinion (*a*). Plutarque a aussi un passage là-dessus (*b*), par lequel il paroît que c'étoit un point discuté de son temps; & Lucrèce & Pline, qui combattent ce sentiment, ainsi que

---

(*a*) Καὶ πρῶτος ἐν Φιλοσοφίᾳ ἀντίποδας ὠνόμασε (Πλάτων). Plato primus in Philosophiâ nominavit Antipodas. *Diog. Laert. L.* 3, *c.* 24..

Πυθαγόρας φησὶ εἶναι Ἀντίποδας, κὴ τὰ ἡμῶν κάτω, ἐκείνοις ἄνω. Pythagoras dixit esse autem Antipodas, nobisque obversa vestigia premere. *Diog. Laert. lib.* 8, *c.* 26.

(*b*) Εἰ γὰρ εἰσὶν Ἀντίποδες ἡμῶν (ὥσπερ ἔνιοι λέγουσι) τῆς γῆς τὰ κάτω περιοικοῦντες, οἶμαι μηδ' ἐκείνους ἀνηκόους εἶναι Θεμιστοκλέους. Si sunt, quod nonnulli aiunt, Antipodes inferiorem terræ partem versis adversus nostra vestigiis incolentes, ne illis quidem puto inauditum esse Themistoclem. *Plutarch. de Herodoti malignitate*, tom. 2, p. 869. C.

S. *August. de Civitate Dei, lib.* 16, *c.* 9.
Lucretius, L. 1, *v.* 1062. & *seq.*
Plin. L. 2, *c.* 65.

S. Augustin, servent aussi à faire voir que de leur temps il devoit avoir prévalu.

Erreur au sujet de l'évêque Virgile.

130. Je ne parle point ici de la condamnation de l'évêque Virgile par le pape Zacharie pour avoir enseigné qu'il y eût des Antipodes, parce que l'on s'est trompé sur ce fait; & que le pape Zacharie ne parloit, dans la lettre qu'il écrivoit à S. Boniface sur ce sujet, que de ceux qui soutenoient qu'il y avoit un autre monde que le nôtre, un autre soleil, une autre lune, &c.

CHAPITRE X.

Révolution des Planètes sur elles-mêmes.

131. L'UTILITÉ dont l'invention des télescopes a été dans les observations astronomiques des Modernes, s'est manifestée sur-tout dans la découverte de la rotation des astres sur eux-mêmes, fondée sur la révolution périodique des taches remarquées sur leur disque; de sorte que chaque planète a deux révolutions, suivant l'une desquelles elle tourne autour d'un centre commun avec les autres planètes, & tournant de plus sur son axe, accomplit encore une autre révolution sur son centre. Mais tout ce que les Modernes ont dit là-dessus n'a servi qu'à confirmer aux Anciens la gloire d'avoir découvert cette vérité avec le secours seul du raisonnement. Les Modernes sont en cela à l'égard des Anciens ce que les philosophes François ont été à l'égard de Newton ; tous les travaux qu'ils ont éprouvés dans les voyages qu'ils ont en-

Conjectures des Anciens sur la rotation des astres, confirmées par les observations des Modernes.

trepris aux poles, & fous l'équateur, pour déterminer la figure de la terre, n'ont fervi qu'à confirmer les idées que Newton avoit avancées fur ce fujet, fans fortir de fon cabinet; & nous avons éprouvé de même que la plûpart de nos expériences ont fervi, & fervent encore quelquefois à appuyer les conjectures fi raifonnables des Anciens; quoiqu'il foit arrivé fouvent que quelques-unes mêmes de celles qui fe trouvent à préfent généralement reconnues, aient été auparavant décriées : nous venons d'en voir des exemples dans les chapitres précédens, & celui-ci nous en fournit encore un qui n'eft pas moins digne de remarque.

Expofition des fentimens d'Héraclides, Ecphantus & Platon.

132. Quels que fuffent les argumens fur lefquels les Anciens fondoient leur théorie, il eft certain qu'ils ont connu clairement la révolution des planètes fur leur axe. Deux célèbres Pythagoriciens, Héraclides de Pont & Ecphantus, ont enfeigné de très-bonne heure cette vérité, & fe fervoient d'une comparaifon des plus analogues pour faire comprendre leur idée là-deffus, en difant que la terre tournoit d'oc-

cident en orient, *en forme d'une roue* (a), *qui tourne sur son axe, ou son centre*; & Platon étendant cette vérité plus loin qu'à la terre, accordoit aussi ce mouvement particulier au soleil & aux autres planètes, & suivant Atticus le Platonicien, qui expose sa pensée là-dessus : ”à ce mouvement commun, qui porte tous les astres tant fixes qu'errans à faire leur révolution autour de leur orbite, il en ajoutoit un autre accommodé à leur figure sphérique, qui les faisoit mouvoir chacun sur leur centre particulier, pendant qu'ils accomplissoient leur révolution générale autour de leur orbite (b).

(a) Ἡρακλείδης ὁ Ποντικὸς κỳ Ἔκφαντος ὁ Πυθαγόρειος κινοῦσι μὲν τὴν γῆν, οὐ μὴν γε μεταβατικῶς, τροχοῦ δίκην ἐνζωσμένην ἀπὸ δυσμῶν ἐπ᾽ ἀνατολὰς περὶ τὸ ἴδιον αὐτῆς κέντρον.

Heraclides Ponticus, & Ecphantus Pythagoreus movent quidem & ipsi quoque Tellurem, non ita tamen, ut ipsa de loco in locum transferatur, sed ut *instar rotæ revincta ab occasu in ortum circa centrum suum torqueatur*. Plutarch. de Placitis, lib. 3, c. 13... Galen. Hist. Philos. p. 8.

(b) Ἔτι ὁ μὲν πρὸς τῇ κοινῇ κινήσει τῶν ἄστρων καθ᾽ ἣν

Témoignage de Plotin.

133. Plotin confirme aussi ce sentiment de Platon (a); & parlant de lui, il dit qu'outre la grande révolution générale des astres, Platon pensoit qu'*ils en accomplissoient une autre particuliere autour de leur centre.*

ἐν ταῖς σφαίραις ἐνδεδεμένοι κινοῦνται πάντες οἱ ἀςέρες, ὅτε ἀπλανεῖς, κ᾽ οἱ πλανώμενοι, καὶ ἑτέραν αὐτοῖς κίνησιν ἀποδίδωσιν, ἣν δὴ καὶ ἄλλως καλλίστην εἶναι συμβέβηκε, κ᾽ προσήκουσαν αὐτῶν τῇ φύσει τῦ σώματος. σφαιρικοὶ γδ ὄντες, εἰκότως σφαιρικὴν ἄν τινα κίνησιν ἕκαςος κινοῖτο περιδινούμενος.

Præterea ad communem illum motum, quo suis in orbibus illigata sidera moveantur, tam fixa, quàm errantia, suum quibusque Plato, ac proprium alterum adjungit: qui etiam uti & præstantissimus idem sit, & cum illorum corporum naturâ conjunctissimus. Globosa enim illa quùm sint, jure volubili quodam, *& in orbem incitato motu singula moveantur.* Eusebius, Præpar. Evang. L. 15, c. 8, ex Attico Platonico ita Platonis sententiam expressit.

(a) Καὶ Πλάτων δὲ τοῖς ἄςροις ἐ μόνον τὴν μετὰ τῦ ὅλε σφαιρικὴν κίνησιν, ἀλλὰ κ᾽ ἑκάςῳ δίδωσι τὴν περὶ τὸ κέντρον αὐτῶν. Plato verò sideribus non solùm sphæricum motum unà cum universo tribuit, *sed unicuique etiam motum circa proprium centrum concedit.* Plotinus, L. 2. Ennead. 2, c. 2.

134. Cicéron attribue la même opinion à Nicétas de Syracuse & cite Théophraste pour garant de ce qu'il avance (a) : c'est le même que Diogene de Laërce appelle autrement Hycétas, *lequel croyoit que la terre se mouvoit avec une extrême vitesse sur son axe propre, & rendoit raison des phénomènes qui arrivent dans les cieux par ce mouvement de la terre.*

<small>Sentiment de Nicétas de Syracuse.</small>

(a) Nicetas Syracusius, ut ait Theophrastus, cœlum, solem, lunam, stellas, supera denique omnia stare censet, neque præter terram rem ullam in mundo moveri : *quæ cùm circum axem se summâ celeritate convertat, & torqueat, eadem effici omnia, quasi stante terrâ cœlum moveretur.* Atque hoc etiam Platonem in Timæo dicere quidam arbitrantur, sed paulò obscuriùs. *Cicero, Acad. Quæst. L. 4, pag. 31.*

Vide Diogenem Laërt. L. 8, sect. 85.

CHAPITRE XI.

Des Comètes.

Les Modernes n'ont rien dit sur les comètes que les Anciens n'eussent enseigné avant eux.

135. Il n'y a point de pensée si bizarre qui n'ait été hazardée dans les différens âges, pour rendre raison de la nature des comètes & de l'irrégularité de leur cours; même encore au siècle dernier, Képler & Hévélius avoient avancé des conjectures tout-à-fait extravagantes sur la cause de ces phénomènes. M. Cassini & le chevalier Newton après lui, ont enfin fixé les sentimens des philosophes par les observations & les calculs les plus exacts, ou pour mieux dire, ils ont ramené les esprits à s'arrêter sur ce qu'en avoient déja dit les Chaldéens, les Egyptiens, Anaxagore, Démocrite, Pythagore, Hippocrate de Chio, Sénèque, Apollonius-Myndius, & Artémidore; ils ont donné la même définition de la nature de ces astres, avancé les mêmes raisons de la rareté de leur apparition, & se sont excusés de n'en avoir

pas donné une théorie plus exacte, dans les mêmes termes que l'avoit déja fait Séneque. On avoit déja dit, du temps de ce philosophe, qu'il ne suffisoit pas pour fixer cette théorie de pouvoir rassembler toutes les observations faites sur les retours des anciennes comètes, parce que la rareté de leurs apparitions n'avoit pas encore fourni une quantité d'observations nécessaire pour déterminer si elles avoient un cours régulier (a) ou non.

136. Sénèque dans le même endroit (b)

(a) Necessarium est autem, *veteres ortus cometarum habere collectos.* Deprehendi enim *propter raritatem eorum cursus adhuc non potest, nec explorari,* an vices servent, & illos ad suum diem certus ordo producat. *Seneca, Natur. Quæst. L. 7, sect. 2.*
Et un peu plus loin :
Ad tantorum inquisitionem ætas una non sufficit.
» Leibnitz disoit de même au commencement
» de ce siécle dans une Lettre au Pere *Des Bosses* :
» La doctrine des Comètes est encore assez obscure ;
» la postérité en jugera mieux que nous après un
» grand nombre d'observations.

(b) Cometas in numero stellarum errantium poni à Chaldæis. *Idem ibid.*

Connoissances des Chaldéens & des Egyptiens sur les comètes.

rapporte que les Chaldéens mettoient les comètes au rang des planètes ; & Diodore de Sicile, écrivant l'histoire des connoissances des Egyptiens, les loue sur leur application à l'étude des astres & de leur cours, sur lesquels il dit »qu'ils avoient » recueilli des observations très-anciennes » & très-exactes, par le moyen desquelles » ils étoient en état de connoître leurs mou-» vemens divers, leurs orbites, leurs sta-» tions, &c. ; & il ajoûte qu'ils pouvoient » annoncer aussi les tremblemens de terre, » les inondations (a) *& les retours mêmes des comètes.*

(a) Καὶ παρ' Αἰγυπτίοις παραπλησίως τυγχάνουσιν αἱ τ ἄστρων τάξεις τε, κὴ κινήσεις κỳ τὰς περὶ ἑκάστων ἀναγραφὰς ἐξ ἐτῶν ἀπίστων τῷ πλήθει φυλάττουσιν. ἐκ παλαιῶν χρόνων ἐζηλωμένης παρ' αὐτοῖς τ̃ περὶ ταῦτα σπουδῆς. τὰς τε τῶν πλανήτων ἄστρων κινήσεις, κỳ περιόδους, κỳ στηριγμοὺς, οὐκ ὀλιγάκις δὲ καρπῶν φθορὰς, ἢ τοὐναντίον πολυκαρπίας, ἔτι δὲ νόσους κοινὰς, ἀνθρώποις, ἢ βοσκήμασιν ἰσομένας προσημαίνουσι· σεισμούς τε, κỳ κατακλυσμοὺς, κỳ κομητῶν ἄστρων ἐπιτολὰς, κỳ πάντα τὰ τοῖς πολλοῖς ἀδύνατον ἔχειν δοκοῦντα τὴν ἐπίγνωσιν, ἐκ πολλῆ χρόνῳ παρατηρήσεως γεγενημένης, προγινώσκουσι.

Nam Ægyptii accuratissimé siderum constitutio-

137. Aristote, exposant les opinions d'A- naxagore & de Démocrite, dit que le premier croyoit que les comètes étoient un assemblage de plusieurs astres errans, qui par leur approximation & la réunion de leur lumiere, se rendoient visibles à nous.

Sentiment d'Anaxagore & de Démocrite.

138. Cette idée n'étoit pas encore bien philosophique, mais elle l'étoit cependant davantage que celle de quelques grands philosophes modernes, comme Képler & Hévélius, qui vouloient qu'elles se formassent dans l'air comme les poissons dans l'eau. Pythagore, à-peu-près dans le même

Opinions ridicules de Képler & d'Hévélius moins éclairés à cet égard que Pythagore.

---

nem, & motum observant, & descriptiones singulorum per incredibilem annorum numerum custodiunt; cùm ab antiquissimis indè temporibus hoc apud eos studium certatim sit agitatum. Planetarum etiam motus, & circuitus, & stationes, nec rarò frugum calamitatem, aut exuberantiam, morbosque promiscuè vel hominibus, vel pecoribus ingruituros præsignificant. Terræ quoque tremores, & diluvia, *ortusque cometarum*, & quorumcunque cognitio humanam excedere facultatem vulgò putatur, ex longi temporis observatione prænoscunt. *Diodor. Sicul. Bibliotheca Historica. Amsterd.* 1746. 2 *vol. f. p.* 91, *tom.* 1.

temps qu'Anaxagore, avoit, suivant le rapport d'Aristote, enseigné une opinion digne du siècle le plus éclairé, *car il regardoit les comètes comme des astres qui avoient un cours réglé autour du soleil, & qui ne paroissoient que dans certaines parties de leurs orbites, & après un temps considérable;* & l'erreur dans laquelle tombe Aristote en voulant expliquer le sentiment de Pythagore, par une comparaison faite avec la planète de Mercure, ne doit point être imputée à l'Ecole Pythagoricienne (*a*).

(*a*) Αναξαγόρας μὲν οὖν, ϰ̔ Δημόκριτός φασιν εἶναι τοὺς κομήτας σύμφασιν τῶν πλανητῶν ἀστέρων, ὅπως, διὰ τὸ πλησίον ἐλθεῖν, δόξωσι διχάνειν ἀλλήλων. τῶν δ᾽ Ἰταλικῶν τινες, ϰ̔ καλουμένων Πυθαγορείων, ἕνα λέγουσιν αὐτὸν εἶναι τῶν πλανητῶν ἀστέρων, ἀλλὰ διὰ πολλοῦ τε χρόνου τὴν φαντασίαν αὐτοῦ εἶναι, ϰ̔ τὴν ὑπερβολὴν ἐπὶ μικρόν, ὅπερ συμβαίνει ϰ̔ περὶ τὸν τοῦ Ἑρμοῦ ἀστέρα. διὰ γὰρ τὸ μικρὸν ἐπαναβαίνειν, πολλὰς ἐκλείπει φάσεις, ὥστε διὰ χρόνου φαίνεσθαι πολλοῦ. παραπλησίως δὲ τούτοις ϰ̔ οἱ περὶ τὸν Ἱπποκράτην τὸν Χίον, ϰ̔ τὸν μαθητὴν αὐτοῦ Αἰσχύλον ἀπεφήναντο.

Anaxagoras igitur, atque Democritus, cometas esse asserunt stellarum errantium coapparitionem, quia quùm propiùs accesserint, sese tangere mu-

Aristote rapporte aussi les témoignages d'Hippocrate de Chio & d'Æschylus, pour appuyer cette opinion.

139. Stobée (a) expose le sentiment de Pythagore dans les mêmes termes qu'Aristote, quoiqu'un peu plus clairement; & il dit que *les Pythagoriciens croient que les comètes étoient des astres errans, qui ne paroissoient que dans un certain temps de leur cours.*

Stobée expose le sentiment de Pythagore.

---

tuò videntur. At eorum nonnulli, qui Italiam habitant, *Pythagoreique vocitantur*, cometen è stellis errantibus unam esse dicunt: verùm, non nisi longo interposito tempore comparere in cælo, & parùm ab sole digredi: id, quod etiam Mercurii stellæ obvenit. Nam quia non admodùm ab sole recedit, sæpé cùm se visendam præstare deberet, occultatur. Proindè non nisi longo tempore interjecto cerni solet. Hippocrates autem ille Chius, & ejus discipulus Æschylus, non secùs quàm hi dixère. *Aristotelis opera*, tom. 1, p. 534. l. 1, meteorol. c. 6.

(a) Τῶν Πυθαγορείων τινὲς μὲν ἀστέρα φασὶν εἶναι τὸν κομήτην, τῶν ἐκ ἀεὶ φαινομένων, διὰ δέ τινος διωρισμένε χρόνε περιοδικῶς ἀνατέλλοντα. *Pythagorei partim stellas faciunt cometas, quæ non semper, sed certo temporis ambitu appareant.* Stobæus, p. 62. Eclog. Phys. lib. 1.

Beau paffage de Sénèque.

140. Sénèque fur-tout plus que tout autre a parlé en vrai philofophe fur ce fujet. Il expofe dans le feptième Livre de fes *Queftions naturelles* toutes les différentes opinions fur les comètes, & il paroît adopter celle d'Artémidore, qui croyoit » qu'il » y avoit une quantité innombrable de co- » mètes, lefquelles, à caufe de la pofition » de leurs orbites, ne pouvoient pas tou- » jours être obfervées, & ne fe laiffoient » voir que lorfqu'elles arrivoient à une des » extrémités de ces orbites (*a*). Il raifonne

---

(*a*) *Innumerabiles ferri per occultum*, aut propter obfcuritatem luminis *nobis ignotus*, aut propter *circulorum pofitionem talem, ut tùm demùm, cùm ad extremam eorum venêre, vifantur.... Quid ergò miramur, cometas, tam rarum mundi fpectaculum, nondùm teneri legibus certis;* nec initia illorum, finefque notefcere, *quorum ex ingentibus intervallis recurfus eft ?...* Veniet tempus, quo ifta, quæ nunc latent, in lucem dies extrahat, & longioris ævi diligentia; ad inquifitionem tantorum ætas una non fufficit, ut tota cœlo vacet. Quid, quòd tam paucos annos, inter ftudia, ac vitia, non æquâ portione dividimus? Itaque per fucceffiones iftas longas explicabuntur. Veniet tempus, quo

ensuite là-dessus avec autant d'élégance que de solidité : »pourquoi s'étonner, »dit-il, que les comètes qui s'offrent si ra- »rement en spectacle au monde, ne soient »pas encore soumises à des règles certai- »nes, & que nous n'ayons pas encore pu »connoître & déterminer, où commence » & finit la marche de *ces astres, aussi an-* »*ciens que l'univers, & dont les retours sont* » *dans d'aussi grands intervalles ?* Il viendra » un temps, s'écrie-t-il avec une espèce »d'enthousiasme, où la postérité s'étonne- »ra que nous ayons ignoré des choses si » évidentes, & ce qui nous est obscur à »présent, paroîtra dans un grand jour, par » la suite des siècles, & l'industrie de nos »descendans; mais peu d'années, parta- »gées entre l'étude & les passions, ne suf- »fisent pas pour des recherches si impor- »tantes, & pour apprendre à connoître » la nature des cieux.

---

posteri nostri tam aperta nos nescisse mirentur. Seneca, *Natural. Quæst. L. 7, c. 13, 25.*

Ego non existimo cometen subitaneum ignem, sed *inter æterna opera naturæ. Id. ibid. c. 22.*

Les Modernes n'ont rien dit sur les comètes que d'après les Anciens.

141. En jettant les yeux sur les divers passages qu'on vient de rapporter, on est obligé de convenir que les Modernes n'ont rien dit de solide à l'égard des comètes que ce qu'ils ont trouvé dans les écrits des Anciens ; à quoi ils ont ajoûté seulement les connoissances que leur a fourni l'observation, laquelle Sénèque avoit déja jugé nécessaire, & qu'une longue suite de siècles seulement pouvoit leur procurer.

CHAPITRE XII.

De la Lune.

142. LA lune nous offre encore un champ où les Anciens ont eu occasion de donner des preuves de leur sagacité ; ils ont connu de bonne heure qu'*elle n'avoit point une lumiere propre, mais qu'elle ne brilloit que par la lumiere du soleil qu'elle réfléchissoit.* C'étoit le sentiment d'Anaxagore, après Thalès, & celui d'Empédocles (a), qui

<small>Lune illuminée par le soleil ; vérité connue des Anciens.</small>

―――――――

(a) Ἀπολείπεται τοίνυν τὸ τῶ Ἐμπεδοκλέους, ἀνακλάσει τινὶ τῶ ἡλίου πρὸς τὼ σελήνω γίνεσθαι τὸν ἐνταῦθα φωτισμὸν ἀπ' αὐτῆς. ὅθεν οὐδὲ θερμὸν, οὐδὲ λαμπρὸν ἀφικνεῖται πρὸς ἡμᾶς, ὥσπερ ἦν εἰκὸς, ἐξάψεως κỳ μείξεως φωτῶν γενομένης.

Relinquitur ergò Empedoclis sententiam *esse* veram : nempè reflexione luminis solaris ad lunam, hìc ab illâ res illuminari. *Undè fit, ut neque calidum, neque splendidum ad nos lumen perveniat : quod futurum videbatur, si inflammatio, & permixtio luminis fieret.* Plutarch. *de facie in orbe lunæ,* to. 2. *p*. 929. E.

Τήν τε σελήνην ψευδοφαῆ κỳ ἀπὸ τῶ ἡλίου φωτίζεσθαι. Anaximandrum putasse lunam falso lumine lucere, & à sole illustrari. Diog. Laërt. *in* Anaximand. L. 2.

concluoit de cette réflexion de la lumiere, qu'elle nous en arrivoit moins vive, & que c'étoit la raison pour laquelle la chaleur de cette lumiere n'étoit point sensible ; ce que les expériences faites sur la réunion des rayons de lumiere de la lune à l'aide du miroir ardent, ont confirmé depuis peu, n'ayant jamais été possible, malgré toute la force des miroirs, de produire le moindre effet de chaleur par la réunion de ces rayons.

Raisons de croire la lune habitée.

143. Toutes les observations des Modernes tendent à nous persuader que la lune a une atmosphere, quoiqu'extrêmement rare. Dans une éclipse totale du soleil on remarque autour du disque de la lune une lueur claire & large parallèle à sa circonférence, & devenant plus rare, à proportion qu'elle en est plus éloignée ; ce qui ne peut être que l'effet d'un fluide comme l'air qui nous environne, & qui, à cause de sa pesanteur & de son elasticité, est plus dense en-bas & plus raréfié en-haut. On observe de plus aisément avec le télescope des parties plus élevées & plus éclairées les

unes que les autres dans la lune, que l'on juge être des montagnes qu'on a même trouvé le moyen de mesurer. On remarque aussi d'autres parties plus basses & moins éclairées, qui ne peuvent être que les vallées, formées par l'élévation de ces montagnes; enfin on observe d'autres parties qui réfléchissant moins de lumière, & présentant une surface toujours également unie, sont jugées être de grands amas d'eaux : & de ce qu'il y a dans la lune de l'eau, une atmosphere, des montagnes, des vallées, on infere qu'il doit y avoir de la pluie, de la neige & tous les autres météores qui sont la suite naturelle de ces suppositions; & on en conclut que nos idées de la sagesse de Dieu veulent qu'il y ait placé des êtres, quels qu'ils soient, qui puissent habiter cette planète, afin que toutes ces choses n'y soient pas en pure perte.

144. Les Anciens, qui n'avoient pas de télescopes, suppléoient au défaut de cet instrument par une perspicacité d'esprit extraordinaire; ils avoient tiré toutes ces

Sagacité des Anciens dans leurs conjectures.

conséquences avant les Modernes, sans avoir eu pour les aider tous les moyens que nous avons de nous affermir dans nos conjectures, & avoient découvert, avec les yeux de l'esprit, ce que les télescopes nous ont fait voir depuis avec les yeux du corps.

Ils croyoient la pluralité des Mondes. Sentiment d'Orphée sur la Lune.

145. Nous voyons par quelques fragmens de leurs écrits, qui nous ont été conservés, qu'ils saisissoient d'une maniere bien sublime & bien digne de la grandeur de Dieu, les vûes de cet être suprême sur la destination des planètes, & de cette multitude d'étoiles placées dans le firmament ; nous avons déja vu qu'ils les regardoient comme autant de soleils, autour desquels des planètes, comme celles de notre système solaire, faisoient leurs révolutions : ils alloient plus loin ; ils soutenoient que ces planètes étoient habitées par des êtres dont ils ne définissoient point la nature, mais qu'ils disoient ne le céder ni en beauté ni en grandeur aux nôtres. Orphée est l'auteur le plus ancien dont on nous ait conservé l'opinion sur ce sujet:

DE LA LUNE. 223

Proclus, dans son Commentaire sur Timée, rapporte (*a*) trois vers de cet ancien philosophe, dans lesquels il dit positivement que *la lune étoit une terre comme la nôtre qui avoit ses montagnes, ses vallées*, &c.

146. Pythagore, qui a suivi Orphée dans plusieurs de ses opinions, a aussi enseigné (*b*) : *que la lune étoit une terre sem-*

Opinion de Pythagore;

(*a*) Μήσατο δ' ἄλλην γαῖαν ἀπείρατον, ἥν τε σελήνην
Ἀθάνατοι κλήζουσιν, ἐπιχθόνιοι δέ τε μήνην,
Ἣ πόλλ' οὔρε' ἔχει, πόλλ' ἄστεα, πολλὰ μέλαθρα.

Struxit autem aliam terram immensam, quam selenem

Immortales vocant : Homines autem, lunam,

Quæ multos montes habet, multas urbes, multas domos.

Proclus de Orphea, L. 4. *in Timæum*, p. 154. lin. 6. 283. lin. 11. & L. 5. p. 292. lin. 14.

(*b*) Οἱ Πυθαγόρειοι γεώδη φαίνεσθαι τὴν σελήνην, διὰ τὸ περιοικεῖσθαι ταύτην, καθάπερ τὴν παρ' ἡμῶν γῆν, μείζοσι ζώοις, καὶ φυτοῖς καλλίοσιν. εἶναι γὰρ πεντεκαιδεκαπλάσιονα τὰ ἐπ' αὐτῆς ζῶα τῇ δυνάμει. Pythagorici lunam ideò terream apparere existimant, quòd ipsa, sicuti tellus à nobis incolitur, ab animalibus majoribus, plantisque pulchrioribus circumhabitetur. Quindecim nempè vicibus animalia, quæ in illâ sunt, vi nostris præstare, nihilque su-

blable à la nôtre, habitée par des animaux, dont il ne déterminoit point la nature, quoiqu'il crût qu'ils étoient plus grands & plus beaux que ceux qui habitent notre globe, & qu'il ne les crût pas sujets aux mêmes infirmités.

& de plusieurs autres philosophes de l'Antiquité.

147. Il me seroit facile de multiplier ici les citations par une foule de passages qui feroient voir que cette opinion étoit fort commune parmi les anciens philosophes; mais je me contenterai de renvoyer aux sources (a) indiquées ci-dessous, & ne

---

perflui, vel excrementi emittere. *Plutarch. de Placit. Philos. L.* 2, *c.* 30.

Vid. & *Platonis Timæum*, p 42, *lin.* 39. *c.* 3... *Chalcidium in Timæum*, sect. 198. p. 350... *Macrobium in somnium Scipion. Lib.* 1, *c.* 11... *Platon. in Phædro*, p. 246, 247... *Aristot. de cœlo*, *lib.* 2, *c.* 3, *& ibi Simplicium*... *Procli in Timæum*, pag. 11, 260, 324 & 348.

(a) Ἀναξαγόρας ἔλεγε τὴν δὲ σελήνην οἰκήσεις ἔχειν, ἀλλὰ καὶ λόφους, καὶ φάραγγας Anaxagoras dicebat lunam habitacula in se habere, & colles, & valles. *Stobæus Eclog. Phys. L.* 1, p. 59. *Edit. Genev.* 1609. fol. Suidas in voce ὁμοιομερεία... *Diog. Laert. L.* 2 sect. 8.

veux

veux cependant pas omettre de rapporter un passage de Stobée (*a*) bien remarquable, dans lequel il expose l'opinion de Démocrite sur la nature de la lune & la cause des taches que nous voyons sur le disque de cette planette.

148. Ce grand philosophe imaginoit très-judicieusement que *ces taches n'étoient autre chose que des ombres formées par la hauteur excessive des montagnes qu'il croyoit être dans la lune*, & qui interceptant le passage de la lumiere dans les parties moins élevées de cette planète, où les vallées formoient ces ombres ou ces taches que nous

Opinion de Démocrite sur la cause des taches dans la lune.

Vid. Platonem in apologiâ Socratis, Edit. Henrici Stephani 1578. 3 *vol. fol. p.* 26, *t.* 1.

Habitari ait Xenophanes in lunâ, eamque esse terram multarum Urbium & Montium. *Cicero, Academic. Quæstion. l.* 2, *p.* 31. *Edit. Rob. Steph. Paris.* 1578.

(*b*) Δημόκριτος ἀποσκίασμα τι τῶν ὑψηλῶν ἐν αὐτῇ μερῶν, ἀνάγκη γὰρ αὐτὴν ἔχειν καὶ νάπας. *Democritus umbram sublimiorum ejus partium, quandoquidem valles, & montes habeat.* Stobæus, Eclog. Phys. l. 1, p. 60, lin. 46.

Vid. Origen. Philos. c. 13... *Ælian. Var. Hist. l.* 4. *c.* 29. *Menagium ad Laert. l.* 9, *sect.* 44.

I. Partie.   P

observons. Plutarque fut encore plus loin, & conjectura que la lune devoit avoir en son sein des mers & des cavernes profondes (*a*); il appuyoit ses conjectures sur les mêmes fondemens qui soutiennent celles des Modernes, & il disoit que les grandes ombres que l'on apperçoit sur le disque de cette planète étoient causées par *de vastes mers*, qui ne pouvoient pas réfléchir une lumière aussi vive que les autres parties plus opaques de cette planète; *ou par des cavernes extrêmement étendues & profondes, dans lesquelles les rayons du soleil étoient absorbés*; ce qui devoit occasionner ces ombres ou obscurités que nous appellons les taches de la lune (*b*).

149. Il paroît par un endroit de Plu-

___

(*a*) Dicit enim eam quæ vocatur facies, simulacra esse & imagines magni maris in lunâ apparentes. *Plutarch. de facie in orbe lunæ*, p. 920. F.

(*b*) Quòd ad faciem attinet in lunâ apparentem : sicut nostra terra sinus habet quosdam magnos, ita censemus lunam quoque profunditatibus & rupturis magnis esse apertam, aquam aut aërem caliginosum continentibus. *Idem ibid.* p. 935. C.

tarque (a) que l'on agitoit déja de son temps la question de sçavoir, s'il y avoit dans la lune des exhalaisons ou des vapeurs qui s'élevassent au-dessus de sa surface, & y occasionnassent de la pluie & d'autres météores ; il paroît pancher pour ceux qui soutenoient la négative, & croyoit que la

Question sur la lune agitée par Plutarque.

(a) Μὴ ὀρεχομένης τῆς σελήνης· & eâdem pag. lin. 6. Ἦπου τοῖς ἐπὶ τῆς σελήνης εἰκός ἐστι δώδεκα θερσίας ὑπομένειν ἔτους ἑκάστου κατὰ μῆνα, τοῦ ἡλίου πρὸς κάθετον αὐτοῖς ἐφισταμένου, καὶ στηρίζοντος, ὅταν ᾖ πανσέληνος; πνεύματα γε μὴν καὶ νέφη, καὶ ὄμβρους, ὧν χωρὶς οὔτε γένεσις φυτῶν ἐστιν, οὔτε σωτηρία γενομένοις, ἀμήχανον ἐκεῖ διανοηθῆναι, συνιστάμενα διὰ θερμότητα, καὶ λεπτότητα τοῦ περιέχοντος. οὐδὲ γὰρ ἐνταῦθα τῶν ὁρῶν τὰ ὑψηλὰ δέχεται τοὺς ἀγρίους, καὶ ἐναντίους χειμῶνας. ἀλλ᾽... ἤδη, καὶ σάλον ἔχων ὑπὸ κουφότητος ὁ ἀήρ, ἐκφεύγει τὴν σύστασιν ταύτην, καὶ πύκνωσιν.

An credibile est, eos, qui in lunâ sunt, quotannis duodecim perferre posse solstitia singulis mensibus, sole in plenilunio supra capita eorum insistente ? Jam flatus, nubes, imbresque (sine quibus neque nasci, neque natæ durare possunt plantæ) ibi coïre, ne cogitari quidem potest, in tanto calore, tantâ tenuitate ambientis, quandò ne apud nos quidem altorum montium vertices feris istis adversisque tanguntur tempestatibus : sed aër ibi jam tenuis, motuque ob levitatem suo præditus, coitionem istam, & densationem effugit. *Plutarch.* t. 2, p. 938. C. *Nulla lunam rigat pluvia.*

lune devoit être tellement échauffée par la constante demeure des rayons du soleil sur sa surface, qu'il n'étoit pas possible que toute l'humidité n'en fût séchée, & qu'il pût y avoir encore de quoi fournir matiere à de nouvelles vapeurs : il en concluoit qu'il n'y avoit ni nuages, ni pluies, ni vents ; par conséquent point de plantes ou d'animaux, & cette raison est encore la même qui est alléguée par ceux des Modernes qui veulent s'opposer à l'opinion que la lune soit habitée : au lieu que la seule conséquence nécessaire que l'on devroit tirer de ces difficultés, seroit que les êtres qui habiteroient cette planette, devroient être différens de ceux qui habitent la nôtre & accommodés par leur constitution à la différence du climat, & de la nature de la planette qu'ils habiteroient. Quoi qu'il en soit, il paroît par ce passage que cette opinion avoit déja ses partisans du temps de Plutarque ; & il est indifférent qu'elle fût défendue ou combattue par ce philosophe, pourvu qu'il soit évident qu'elle ait été connue alors.

Fin du Tome premier.

RECHERCHES

SUR

L'ORIGINE DES DÉCOUVERTES

ATTRIBUÉES

AUX MODERNES.

TOME SECOND.

www.ingramcontent.com/pod-product-compliance
Lightning Source LLC
Chambersburg PA
CBHW050657170426
43200CB00008B/1327